Sonia Choquette

Gib deinem Leben eine Richtung

Karten der Intuition

AF201603

KOHA

Copyright © 2008 by Sonia Choquette
Titel der Originalausgabe:
»The Answer Is Simple. Oracle Cards«
English language publication 2009
by Hay House Inc., USA
www.hayhouse.com
Illustrationen: Greg Becker
Deutsche Ausgabe:
© KOHA-Verlag GmbH Burgrain
Alle Rechte vorbehalten
Aus dem Englischen von Hanna Goldbach
Gesamtherstellung: Karin Schnellbach
1. Auflage 2011 / Printed by Imago
ISBN 978-3-86728-158-4

INHALT

ÜBER DIE AUTORIN

Sonia Choquette studierte in Denver sowie an der Sorbonne in Paris und promovierte im Bereich Metaphysik am American Institute of Holistic Theology. Die international bekannte Autorin, Geschichtenerzählerin, Heilerin und spirituelle Lehrerin des sechsten Sinns lebt mit ihrer Familie in Chicago. Etliche Bücher von ihr sind auch auf Deutsch erschienen.
www.soniachoquette.com

EINFÜHRUNG

Mit diesem Kartenset aktivieren Sie Ihre Energie und können unmittelbar von im Ego begründeter Angst – der niedrigsten und schädlichsten Frequenz, in der Menschen leben können – in die höchste Frequenz der liebevollen und mächtigen schöpferischen Kraft Ihres göttlichen Geistes hinüberwechseln.

Sobald Sie Ihre Schwingung vom Ego zum göttlichen Geist gelenkt haben, sind Sie an die göttliche Führung angeschlossen und können jede Situation auf ein möglichst kreatives, friedvolles und befriedigendes Ergebnis hinlenken. Die Karten sind variabel einsetzbar:

Sie können damit üben, die im Ego begründeten Schwingungen hinter sich zu lassen und sich mehr im göttlichen Geist zu zentrieren, indem Sie jeden Tag eine Karte ziehen und die Botschaft im Lauf des Tages anwenden, wann immer Sie Rat brauchen oder intuitiv eine Entscheidung treffen müssen.

Oder Sie holen sich Rat im Hinblick auf eine bestimmte Situation, indem Sie sich auf sie konzentrieren, eine Karte ziehen und dann dem entsprechenden Rat folgen.

Vertiefte Hinweise können Sie gewinnen, indem Sie drei Karten ziehen:

(1) Die erste steht für die innere Haltung, in der Sie die Situation angehen sollten.

(2) Die zweite weist darauf hin, wie Sie die Energie am besten in eine höhere Schwingung bringen können.

(3) Die dritte zeigt Ihnen, was Sie vielleicht übersehen oder was Sie sich bewusst machen sollten.

All dies sind wertvolle Tipps. Die beste Art, die Karten zu nutzen, besteht allerdings darin, sie als 62 kreative und aufschlussreiche Anleitungen zu betrachten, um sich in allen Lebenslagen mit Ihrem göttlichen Geist in Verbindung zu setzen. Diesem Teil von Ihnen können Sie auch die Entscheidung anvertrauen, wie Sie mit den Karten umgehen wollen. Die Botschaften der Karten sind dabei nicht als feste Regeln, vielmehr als Einladungen zu sehen: Sie wollen

Ihnen zeigen, wie Sie den göttlichen Geist in Ihnen am wirkungsvollsten aktivieren und einbeziehen können, um aus allen Situationen das Optimale herauszuholen und dauerhaft in der göttlichen Liebe zu leben.

Diese Karten möchten Ihnen helfen, sich als machtvolles geistiges Wesen zu erkennen – das heißt: im Einklang mit dem Himmel und unserem göttlichen Schöpfer, zentriert, kraftvoll und in Freude, als Botschafter/in des Friedens und der Liebe auf der Erde.

Ich wünsche Ihnen viel Vergnügen dabei!
Sonia Choquette

Anmerkung zur deutschen Übersetzung:
Im Rahmen dieses Buches und der Karten wurde *Spirit* mit »Geist« oder »göttlicher Geist« übersetzt und *Mind* mit »Verstand« oder »Denken«.

ALLGEMEINE BEDEUTUNG DER KARTEN

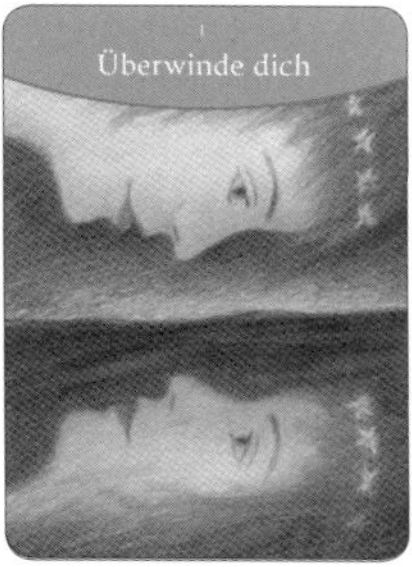

1
ÜBERWINDE DICH

Der erste Schritt zu einem Leben im Einklang mit dem göttlichen Geist in Ihnen besteht darin, sich zu überwinden – genauer gesagt, Ihr falsches Selbst zu überwinden: Ihr Ego. Es ist Zeit, zu Ihnen selbst ehrlich zu sein und den zum Scheitern verurteilten Versuch aufzugeben, der Welt Ihr Ego als Ihr wahres Selbst zu präsentieren. Das ist es nämlich – Gott sei Dank – *nicht,* denn wenn Sie genauer hinschauen, werden Sie erkennen, wie ungeheuer aufwendig es ist, Ihr Ego zu pflegen; es ist so aufwendig, dass kaum noch Kraft übrig bleibt, um irgendetwas jenseits der Oberfläche wahrzunehmen.

Psychologen nennen es »Maske«, Soziologen sprechen von »Konditionierungen«, Heilpraktiker von »Mustern«. Es ist Ihre abwehrende, künstliche, manipulative »Komm mir bloß nicht zu nahe, sonst könntest du mich verletzen«-Persönlichkeit. Jeder Mensch hat eine, doch wenn Sie nicht aufpassen, könnten Sie meinen, wirklich so zu sein, und verhindern, dass Ihr wahres Licht erstrahlt.

Fragen Sie sich: *Wo bin ich nicht authentisch? Wo spiele ich etwas vor, was nicht echt ist? Wo zeige ich meinen göttlichen Geist nicht?*

Die Welt – und vor allem Ihre Nächsten – brauchen jetzt das Licht Ihres göttlichen Geistes. Wo wird es durch Ihr Ego blockiert? Seien Sie bereit, Ihr falsches Selbst zu überwinden und das Licht Ihres wahren Selbst leuchten zu lassen. Das ist es, was jetzt erforderlich ist.

Es wirkt heilend auf alle … und besonders auf Sie.

2
NEUANFANG

Also gut, es ist nicht so gelaufen, wie Sie es gern gehabt hätten. Es fühlt sich sogar nach einem Riesen-Kuddelmuddel an. Sorgen Sie sich nicht – segnen Sie, was geschehen ist, und fangen Sie neu an. Was immer gerade los ist: Akzeptieren Sie, dass Sie es erschaffen haben ... und es deswegen auch wieder auflösen können. Beginnen Sie zu akzeptieren, dass die gegenwärtige Situation Ihre Schöpfung ist, wenn auch vielleicht nicht mit Absicht. Erst wenn Sie Ihre Macht anerkennen, können Sie sie sinnvoll nutzen.

Fragen Sie sich: *Wie ist es so weit gekommen? Was funktioniert daran für mich nicht gut? Ist mir etwas daran vertraut, vielleicht ein Teil eines Musters, das ich jetzt beenden möchte?* Vor allem: *Was möchte mein göttlicher Geist stattdessen erleben?*

Sobald Sie mit dem Geist in Ihnen verbunden sind, können Sie mit Ihrer wahren Kraft neu anfangen. Lassen Sie nicht zu, dass Ihr Ego Sie daran hindert, die Verantwortung für Ihr Leben wegzuschieben. Es sieht sich immer lieber als Opfer der Umstände. Je schneller Sie die Verantwortung für Ihr Leben mit all seinen Schöpfungen übernehmen, desto schneller können Sie zulassen, dass der göttliche Geist in Ihnen das korrigiert, was nicht so befriedigend ausgefallen ist. Das bedeutet nicht, sich für Unzulänglichkeiten anzuklagen (eine Lieblingsbeschäftigung des Ego, die nicht weiterhilft). Bitten Sie, dass Ihr göttlicher Geist Sie von allen Schöpfungen befreit, die Sie nicht erfreuen: Er wird Ihrer Bitte nachkommen.

3
LOSLASSEN

Das Ego lebt in der Vergangenheit und suhlt sich gerne immer wieder in seinem Leiden. Der Geist hingegen lebt in der Gegenwart und in freudiger Erwartung der Chancen, die jeder neue Tag bringt. Woran hängt Ihr Ego gerade fest, sodass Sie die Freuden des Augenblicks nicht bemerken? Wo ist Ihre Aufmerksamkeit: bei Ihrem Ego oder bei Ihrem Geist? In der Vergangenheit oder in der Gegenwart? An welche alten Ereignisse klammern

Sie sich? Wäre es nicht vielleicht an der Zeit, loszulassen?

Ihr göttlicher Geist bittet Sie, die Vergangenheit ruhen zu lassen und Ihre Aufmerksamkeit auf den Augenblick zu richten, wo Sie ein helles, schönes Geschenk erwartet. Achten Sie auf das, was direkt vor Ihnen ist. Beachten Sie die Geräusche, Farben, Gefühle, Personen und Ereignisse von *heute.* Dies ist der Tag, der Ihrem Leben eine Wende zum Besseren geben kann, und Sie laufen Gefahr, diese Chance zu verpassen. Also heben Sie Ihren Blick: Bevor der Tag vorüber ist, werden Sie ein schönes Geschenk erhalten …, doch nur, wenn Sie fähig sind, es zu bemerken.

4
SINGEN

Es ist an der Zeit, Ihre Schwingung anzuheben und die Freude Ihres göttlichen Geistes zu genießen. Heute ist ein Tag, um einfach zu singen. Egal wie sich der Tag entfaltet, egal wie die Dinge erscheinen oder wie bedrückt sich Ihr Ego fühlen mag – singen Sie!

Das Singen lädt Ihren Geist in Ihren Körper ein und lässt ihn in die Welt hinaus erklingen. Je mehr Sie singen, desto mehr kann Ihr Geist zum Ausdruck kommen und seine Magie entfalten. Summen Sie Ihre liebsten Kinderlieder oder ein altes Volkslied, schmettern Sie einen aktuellen Popsong, singen Sie die Nationalhymne oder trällern Sie Ihre eigenen Melodien vor sich hin – nur singen Sie den ganzen Tag so viel wie möglich. Lassen Sie nicht zu, dass Ihr Ego Ihr Lied verstummen lässt. Mit Ihrem Gesang wecken Sie die Engel und rufen sie in Ihr Leben. Wenn Sie Ihre Stimme erklingen lassen, geht Ihr Herz auf, Ihr göttlicher Geist kann die Führung übernehmen, und die Herzen der anderen öffnen sich ebenfalls.

Es spielt keine Rolle, ob die Töne stimmen oder nicht. Ein singendes Herz ist ein glückliches Herz – und ein heilendes Herz. Heute braucht die Welt Ihr Lied. Trauen Sie sich und singen Sie!

5
MIT DEN AUGEN DES GEISTES

Betrachten Sie Ihr Leben durch die Augen Ihres göttlichen Geistes, nicht Ihres Ego. Das Ego betont Ihre Fehler, doch Ihr Geist konzentriert sich auf Ihre Vollkommenheit.

Das Ego führt alles auf Ihr Versagen zurück; Ihr Geist sieht Prozesse und Fortschritte.

Das Ego empfindet sich als getrennt und allein; der Geist weiß um seine Verbundenheit mit allem und erkennt sich als wesentlichen Bestandteil des Ganzen.

Das Ego sieht Dunkelheit; der Geist aber sieht Licht.

Betrachten Sie Ihre Lebensumstände im Licht Ihres Geistes. Konzentrieren Sie sich nicht auf den Schatten, sondern auf das Licht. Fragen Sie: *Was ist in meinem Leben im Augenblick richtig? Was funktioniert? Was lerne ich? Was verbessert sich gerade?*

Im Licht Ihres Geistes werden Sie klar erkennen, was alles gut ist. Ihr Ego kann nicht über seine Ängste hinausschauen, deshalb erscheint ihm alles dunkel. Ihr Geist kann diese Dunkelheit erhellen und den Wert all Ihrer Erfahrungen wahrnehmen.

Mit den Augen Ihres Geistes erkennen Sie, dass alles gut ist.

6
FEIERE DICH

Sie sind erfüllt von der Anmut Ihres göttlichen Geistes – es ist nicht zu übersehen: Da ist ein Leuchten in Ihren Augen und ein Feuer in Ihrem Bauch. Es macht Freude, in Ihrer Nähe zu sein, und Sie inspirieren andere.

Bleiben Sie bei Ihrem inneren Strahlen und konzentrieren Sie sich weiter auf Ihren Geist. Lassen Sie sich von ihm Tag für Tag leiten und scheuen Sie sich nicht, anderen von Ihrer Freude zu erzählen.

Ihre Treue zu Ihrem Geist beginnt Früchte zu tragen. Es ist Zeit, dies zu feiern. Sie sind dem Himmel und den Menschen in Ihrer Nähe eine Freude. Ihr Licht erhellt die Welt und beflügelt andere, die ihren Weg verloren haben.

Würdigen Sie Ihre Bemühungen und freuen Sie sich über Ihre Leistungen. Das wird Ihr Ego lehren, Ihren Geist zu unterstützen, statt gegen ihn zu kämpfen. Je mehr Sie offen Ihren Geist feiern, desto mehr kann sich Ihr Ego entspannen und allmählich vertrauen.

Wenn das Ego und der Geist Partner werden, fangen Sie an, ein unglaublich bezauberndes Leben zu leben. Sie sind auf dem Weg dazu – bleiben Sie dabei!

7
WERDE KÜNSTLERISCH AKTIV

Ohne Kunst kann sich der Geist nicht zum Ausdruck bringen. Geben Sie Ihrem kreativen Geist Raum: Schreiben Sie ein Gedicht, malen Sie ein Bild. Holen Sie die Wasserfarben hervor und gestalten Sie eine Postkarte. Fotografieren Sie etwas Schönes. Musizieren Sie, kochen Sie ein exotisches Gericht oder bepflanzen Sie ein neues Gartenbeet.

Wenn es eine Kunstform gibt, mit der Sie sehr vertraut sind, probieren Sie eine andere aus. Erkunden Sie Ihren göttlichen Geist durch künstlerische Experimente. Genießen Sie Ihre Kreativität ganz für sich.

Ihr Ego wird vielleicht einwenden, Kunst sei Zeitvergeudung und habe keinen Wert. Doch das erdrückt den Geist und raubt Ihnen Ihre Lebensfreude. Lassen Sie nicht zu, dass Ihr Ego Ihren künstlerischen Ausdruck zum Schweigen bringt; es soll lieber selbst still sein. Es gibt keine »gute« Kunst, nur *authentische* – und Ihre Kunst schreit nach Ausdruck. Die Meinungen der anderen spielen dabei keine Rolle. Diese Kunst ist vor allem für Sie, um Ihren Geist zu spüren und zu erfahren, was er Ihnen mitteilen will. Stellen Sie das kritische Ego ruhig und bringen Sie Ihren Geist auf künstlerische Weise zum Ausdruck – und zwar heute!

8
NUR MUT!

Ihr Ego fühlt sich eingeschüchtert und möchte sich vor der Herausforderung drücken. Es hat jede Menge Argumente in petto, um seine Ängste zu begründen und Ihnen klarzumachen, warum Sie abbrechen sollten – doch nichts davon ist wahr. Es ist in Ordnung, Angst zu haben, solange Sie nicht zulassen, dass die Angst Sie davon abhält, die Wahrheit Ihres Geistes zu leben. Die Angst zu überwinden ist leichter, als Sie meinen: Geben Sie zu, dass Sie sich fürchten. Das ist ein normales Gefühl. Furcht gehört zum menschlichen Dasein. Nur der göttliche Teil von Ihnen, Ihr Geist, ist furchtlos. Er ist mutig, weil er weiß, dass Sie das Universum in jeder Hinsicht unterstützt. Und wenn Gott bei Ihnen ist, kann Ihnen nichts widerstehen, weil nichts mächtiger ist als das Göttliche.

Gestehen Sie sich zu, dass Ihr Ego ängstlich ist, und erkennen Sie dies als normal. Beobachten Sie dabei, wie Ihre Angst abnimmt. Je mehr Sie sie als einen Teil des Lebens anerkennen, desto weniger Macht hat sie über Sie. Atmen Sie in Ihre Angst und lassen Sie sie durch Ihren göttlichen Geist zu Abenteuerlust werden. Atem ist Geist. Tiefes Atmen öffnet Sie für Mut. Fassen Sie Mut, indem Sie Ihren Geist einatmen. Sie sind beschützt, also atmen Sie und halten Sie Ihren Kurs.

9
FINDE DEINE WAHRHEIT

Ihr Ego fühlt sich nicht sicher, also verbirgt es die Wahrheit, sowohl vor der Welt als auch vor Ihnen selbst. Das macht das Leben äußerst kompliziert und ermüdend, wie Sie sicher wissen. Sie können sich nur authentisch fühlen, wenn Sie das Ego unterbrechen und Ihrem Geist die Führung übergeben.

Beginnen Sie damit, ehrlich zu sich selbst zu sein. Fragen Sie sich: *Wenn ich keine Angst hätte, was würde ich dann tun?* Stellen Sie diese

Frage wiederholt, dann wird Ihre Wahrheit hervorbrechen. Ihr Geist offenbart sie Ihnen immer gerne; Sie müssen sie nur hören wollen.

Sie finden Ihre Wahrheit direkt hinter Ihren Ängsten. Sobald Sie die Wahrheit Ihres Geistes anerkennen, werden Sie frei sein, sie auch umzusetzen. Bis dahin wird das Ego Sie jedoch im Kreis rennen lassen. Holen Sie die Wahrheit Ihres Geistes mit aller Willenskraft hervor. Mit ihr kommen die Kraft und die Inspiration, diese Wahrheit auch zu leben.

10
DU HAST KEINE ANGST

Das Ego lebt immer in Angst. Es fürchtet sich schon aus Gewohnheit, selbst wenn Sie eigentlich keine Angst haben.

Fragen Sie sich angesichts dieser Situation: *Fürchte ich mich wirklich? Und wenn ja, wovor?* Lauschen Sie, welche Antworten Ihnen Ihr Geist gibt. Und wundern Sie sich nicht, wenn sich zeigt, dass Sie sich eigentlich überhaupt nicht fürchten – Sie sind es nur gewohnt, es anzunehmen.

Ihr Geist ist den gegenwärtigen Herausforderungen bestens gewachsen. Er möchte Sie gerne durch alles hindurchleiten. Sobald Sie die Gewohnheit der Angst ablegen, werden Sie sogar entdecken, dass Sie es kaum erwarten können, von Ihrem Geist durch dieses aufregende Abenteuer geführt zu werden. Vertrauen Sie darauf und lächeln Sie Ihren Ängsten zu: Es sind keine riesigen Ungeheuer, die nur darauf lauern, zuzuschlagen. Es sind nur Schattenspiele, die auf den Wänden Ihrer Imagination entstehen, wenn Ihr Ego sich im Dämmerlicht vor Ihrem Geist zu verbergen sucht.

Überwinden Sie die Gewohnheit der Angst und tauchen Sie voller Vertrauen in Ihr neues Abenteuer ein. Hören Sie auf, sich zu fürchten, und beginnen Sie, die Tatsache zu genießen, dass Sie eigentlich gar keine Angst haben.

11
SPRICH MIT GOTT

Hören Sie auf, mit Ihrem Ego zu reden. Es verwirrt Sie nur und ängstigt Sie. Außerdem ist es ein schlechter Ratgeber, dessen Hinweise nie zum versprochenen Ergebnis führen.

Unterhalten Sie sich lieber mit Gott. Weisen Sie Ihr Ego an, ruhig zu sein, und geben Sie Ihrem Geist Gelegenheit zu einem innigen Austausch mit Ihrem liebevollen Schöpfer. Bitten Sie das Göttliche um Richtungsweisung.

Lauschen Sie mit Ihrem Geist, lauschen Sie mitten in Ihr Herz hinein und lassen Sie sich nicht von Ihrem Ego unterbrechen. Gott ist immer ansprechbar und wartet schon darauf, von Ihnen zu hören, von dem echten, authentischen, göttlichen, liebenswerten, wundervollen Geist in Ihnen. Sagen Sie Gott, was Sie brauchen, und erwarten Sie seine Unterstützung und seinen Rat.

Ihr Schöpfer liebt Ihren Geist und möchte, dass Sie glücklich sind – auch wenn Ihr Ego versucht, Ihnen etwas anderes weiszumachen. Ihr Geist liebt Ihren Schöpfer und wünscht sich dasselbe. Nur Ihr Ego macht Probleme, also sprechen Sie nicht mehr mit ihm, reden Sie lieber mit Gott. Dort werden Sie die Antworten finden.

12
TAPETENWECHSEL

Ihr Ego hat Ihre Sichtweise eingeschränkt und es scheint, als hätten Sie kaum Alternativen. Es ist Zeit, zu Ihrem Geist zurückzukehren. Brechen Sie die Situation auf und befreien Sie sich, indem Sie die Szenerie wechseln.

Beginnen Sie damit, nach draußen zu gehen – wirklich ins Freie. Machen Sie einen langen Spaziergang, eine Wanderung oder vielleicht sogar einen Ausflug. Es gibt so vieles im Leben zu genießen. Ihr Geist ruft Sie zurück ans Büfett, während das Ego wenig Fantasie hat und meint, es gäbe nichts außer dem, was Sie vor sich sehen.

Ein Tapetenwechsel wird Ihnen zeigen, dass Ihnen als Geist unbegrenzte Möglichkeiten zur Verfügung stehen. Das wird Sie auch zu neuen Ideen, neuen Bekanntschaften und neuen Inspirationen führen, die Ihnen all diese Möglichkeiten eröffnen.

Lassen Sie nicht zu, dass Ihr Ego Sie in Ketten hält. Brechen Sie aus – gehen Sie hinaus, schauen Sie sich um und finden Sie eine neue Perspektive.

13
LICHTE DEN NEBEL

Das Leben wirkt auf Sie gerade etwas verwirrend, weil Ihr Ego die Wahrheit verzerrt. Es ist Zeit, sich ein Herz zu fassen – das reine Herz Ihres Geistes –, und sich richtig zu informieren.

Der erste Schritt zur Klärung besteht darin, nichts persönlich zu nehmen. Bleiben Sie aufmerksam und lernen Sie möglichst viel. Hören Sie gut zu, achten Sie auf Einzelheiten und sehen Sie sich vor, die Dinge nicht zu emotional zu interpretieren, vor allem wenn es um das Verhalten der anderen geht.

Als Nächstes bitten Sie Ihren Geist, klar und liebevoll zum Ausdruck zu bringen, was Sie sich von den Menschen in Ihrer Umgebung wünschen. Sagen Sie deutlich, was Sie auf dem Herzen haben, ohne zu emotional oder zu vage zu werden. Lassen Sie Ihren Geist für sich sprechen, atmen Sie dabei ruhig und erwarten Sie das Beste. Der Nebel wird sich lichten und die Belastung der gegenwärtigen Situation wird sich auflösen.

14
LACHE EINFACH

Es ist Zeit für Sie, sich aufzuheitern. Egal wie trübe oder bedrückend Ihnen das Leben gerade erscheinen mag: Lassen Sie nicht zu, dass Ihr Ego zu ernst wird.

Treten Sie für einen Augenblick von der gegenwärtigen Situation zurück und sehen Sie das Komische darin.

Rufen Sie nun die göttlichen Kräfte des Lachens an, die großen Freunde Ihres göttlichen Geistes, und bitten Sie sie, Ihnen zu helfen, Ihre Sicht der Dinge um Humor und Fröhlichkeit zu bereichern.

Lachen ist die Stimme Ihres Geistes. Wenn Sie lachen, singt dieser Teil von Ihnen. Jetzt ist nicht nur Zeit zu lachen, sondern es auch mit anderen gemeinsam zu tun, vor allem mit jenen, mit denen Sie gerade am meisten ringen. Schmunzeln Sie darüber, wie Ihr Ego versucht, Sie zu isolieren und davon abzuhalten, Ihre göttliche Kraft zu spüren; es wirkt so albern und ist viel zu anstrengend. Wenn Sie lachen, wird alles heilen.

15
ÖFFNE DEIN HERZ

Damit Sie sich lieben und alle Segnungen erfahren, die Ihr Geist Ihnen anbietet, muss Ihr Herz offen sein. Sie können Liebe nicht in ihrer ganzen Fülle erleben, wenn Ihr Herz nicht offen ist – weder die Liebe zu Ihnen selbst noch die zu anderen.

Als göttliche Wesen werden wir alle mit einem Herzen geboren, das alles willkommen heißt: Es erwartet das Leben als eine positive Erfahrung. Jetzt ist es besonders wichtig für Sie, sich zu öffnen, weil Ihnen das Leben das Geschenk der Liebe zuteil werden lassen möchte. Ihr Geist und die göttliche Quelle allen Lebens wissen genau, was Sie in Ihrem Innersten brauchen, und möchten Ihnen das und noch viel mehr zukommen lassen, aber das ist nur möglich, wenn Sie bereit sind, die Segnungen auch anzunehmen, mit denen Sie das Leben überschütten möchte.

Das Ego fürchtet Leid und Enttäuschung und verschließt das Herz, um sich zu schützen. Doch ein verschlossenes Herz ist eben die Quelle des Schmerzes. Das Ego kann sich nie wirklich schützen, weil es nicht mit der Quelle verbunden ist. Nur ein bereitwilliges Herz kann empfangen, was Sie sich sehnlichst wünschen. Seien Sie risikofreudig: Spüren Sie, wie die Liebe auf Sie zukommt … Öffnen Sie Ihr Herz.

16
KEIN GRUND ZUR PANIK

Sicher, alles ist gerade im Umbruch, doch Ihr Ego macht ein unnötig großes Drama daraus und jagt Ihnen damit Angst ein.

Gewinnen Sie wieder Klarheit, indem Sie einen Schritt zurücktreten, Ihre Gefühle zur Ruhe kommen lassen und sich wieder mit Ihrem Geist verbinden.

Beginnen Sie, indem Sie eine Ihrer Hände auf Ihren Solarplexus legen (in der Mitte direkt unterhalb des Brustkorbs) und tief durchatmen. Machen Sie sich klar: Sie fürchten sich zwar, doch das bedeutet noch nicht, dass Sie in Gefahr sind. Es gibt gerade keinen Grund zur Panik, Sie brauchen nichts zu tun, als anmutig die Veränderungen anzunehmen, die gerade im Gang sind. Wichtig ist dabei, nichts zu überstürzen. Handeln Sie erst, wenn Sie sich ruhig und friedvoll fühlen, wissend, dass der Geist Sie in jeder Hinsicht schützt.

Es mag sich so anfühlen, als müssten Sie jetzt handeln, aber das stimmt nicht. Viel besser ist es für Sie, sich die Zeit zu nehmen, die Sie brauchen, um wieder in Ihre Mitte zurückzufinden und sich mit Ihrem Geist zu verbinden, und dann erst zu handeln.

17
ZEIT ZUM DURCHATMEN

Ihr Ego überfordert Sie. Bedenken Sie, dass es nie mit Ihren Leistungen zufrieden ist und Ihnen immer das Gefühl vermittelt, Sie sollten mehr tun.

In diesem Augenblick besteht für Sie der beste Weg darin, sich wieder mit Ihrem Geist zu verbinden, sich eine Auszeit zu nehmen und durchzuatmen. Es mag sich so anfühlen, als würde dann alles zusammenbrechen, doch dem ist nicht so. Sie befreien sich nur vom

Drängen des Ego und bringen sich mit einer höheren Schwingung in Einklang. Sobald Sie wieder mit Ihrem Geist verbunden sind, werden Sie noch jede Menge Zeit haben, um alles Wichtige zu erledigen.

Erlauben Sie sich, sich zu entspannen. Das klärt Ihren Verstand und lässt Sie Ihre Intuition und Ihre innere Führung deutlicher wahrnehmen. Lösen Sie sich von der Intensität des Ego und vertrauen Sie darauf, dass sich alles der göttlichen Ordnung gemäß fügen wird, auch wenn Sie sich ausruhen. Sich Zeit zum Durchatmen zu nehmen bedeutet, dass Sie auf die göttliche Ordnung des Lebens vertrauen. Gott sorgt für alles – Sie brauchen sich nicht zu überanstrengen.

18
ZEIT FÜR RÜCKZUG

Sie leiden unter einem Fall von zu viel Gerede – Ihrem eigenen und dem von anderen. Sie können Ihren Geist nicht mehr hören, weil er von all den Ego-Stimmen und Meinungen übertönt wird. Es besteht kein Zweifel: Sie brauchen eine Zeit der Einkehr.

Lassen Sie nicht zu, dass Ihr Ego Ihnen diese wichtige Rücksprache mit Ihrem Geist versagt. Es meint vielleicht, Sie hätten nicht die Zeit dafür, Sie könnten sich später darum kümmern oder – noch schlimmer – es sei gefährlich für Sie und Ihr Leben, wenn Sie es wagen, sich von den anderen ein Weilchen zurückzuziehen. Dies sind dramatische Übertreibungen. Das Ego möchte Ihnen gern weismachen, es müsse immer aufpassen. Aber Ihnen droht keine Gefahr, wenn Sie sich nach innen wenden, und das ist jetzt sehr wichtig für Sie.

Unser liebevoller Schöpfer wacht über Sie. Sie müssen also nicht erst eine Million anderer Meinungen einholen, um sicher zu sein. Eine Zeit des Alleinseins wird Sie wieder mit Ihrem Geist und Ihrer göttlichen Quelle verbinden und bringt die Litanei der äußeren Meinungen zum Schweigen, die Ihr Leben bestimmen.

Nehmen Sie sich heute wenigstens ein paar Minuten Zeit. Je mehr Zeit Sie Ihrem Geist widmen, desto mehr Zeit werden Sie für alles andere haben.

19
HÖRE MUSIK

Musik ist die Brücke zum Himmel, und gerade jetzt ruft Sie Ihr Geist auf, sie zu genießen. Lassen Sie nicht zu, dass Ihr Ego den Wert herabsetzt, den Musik für Ihren Geist hat, oder Sie anders davon abhält. Musik regeneriert nicht nur den Körper, sie hebt auch die Schwingung und erfüllt Ihr Herz mit Freude und Begeisterung.

Spielen Sie jetzt eine Musik, um sich mit Ihrem Höheren Selbst und der göttlichen

Ebene der Inspiration zu verbinden. Es wird Ihr Denken beruhigen, sodass Sie die Führung Ihres Geistes deutlicher wahrnehmen.

Wählen Sie möglichst erhebende Melodien und beobachten Sie, wie das Leben beginnt, über Ihre Ängste hinweg zu den Rhythmen zu tanzen. Nutzen Sie die Musik als den besten energetischen Weg, alle Negativität aufzulösen und alle Hindernisse auszuräumen, die Ihnen vielleicht gerade im Weg stehen. Ihre befreienden Schwingungen heilen Sie von alten Mustern, die Ihnen nicht mehr dienlich sind, und helfen, den Rat der Engel in Ihr Bewusstsein strömen zu lassen.

Musik wird die Situation beruhigen. Wenn Sie auf sie lauschen, werden die himmlischen Kräfte in Ihrem Sinne auf eine freudvolle, friedliche Lösung hinwirken.

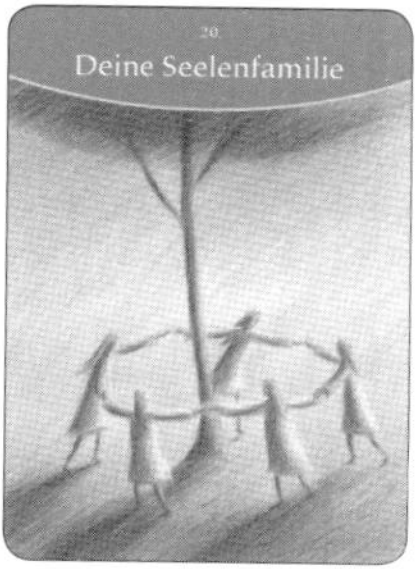

20
DEINE SEELENFAMILIE

Dies ist nicht der richtige Zeitpunkt, um die Dinge alleine anzugehen. Ihr Geist ist isoliert und braucht mehr Unterstützung und Energie. Es ist Zeit, um sich mit Gleichgesinnten zusammenzutun. Nehmen Sie mit Menschen Kontakt auf, die Sie wirklich kennen, lieben und Ihren Geist tief zu schätzen wissen.

Finden Sie einen Weg, um Ihren Lieben nahe zu sein: durch ein entspanntes

Telefongespräch, auf einem Spaziergang durch den Park, bei einer gemeinsamen Mahlzeit: Es wird Sie erden und beleben, Unterstützung und Zuneigung zu spüren und andere Standpunkte zu hören; es wird Ihr Selbstvertrauen stärken und Ihnen Klarheit schenken.

Vielleicht brauchen Sie jemanden, der Ihre Sorgen anhört oder Ihren Gedanken eine andere Richtung gibt. Nehmen Sie sich Zeit und genießen Sie die Gesellschaft von Menschen, die Sie gern mögen. Zeit mit Ihrer Seelenfamilie zu verbringen wird Ihnen helfen, sich daran zu erinnern, was für Ihren Geist jetzt am wichtigsten ist. Sie brauchen diese Unterstützung, um Erfolg zu haben.

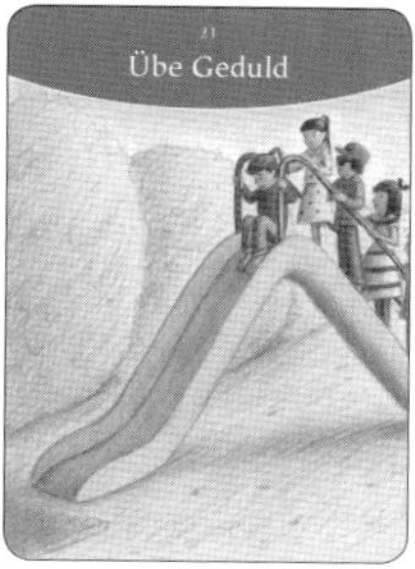

21
ÜBE GEDULD

Das physische Universum schwingt langsamer als das mentale. Daher mag es so wirken, als sei jenes, was sich Ihr Geist wünscht, noch weit entfernt. Doch das stimmt nicht; es befindet sich vielmehr im Prozess der Verwirklichung.

Seien Sie einfach geduldig und wissen Sie, dass das Universum zusammen mit Ihrem wundervollen Geist zu Ihrem Wohle wirkt. Genauso wie die Wurzeln einer Pflanze verborgen sind und von Mutter Erde genährt werden, lange bevor sich Knospen bilden und Blüten entfalten, so ist auch Ihre göttliche Schöpfung im Prozess des Werdens.

Beruhigen Sie Ihr ungeduldiges Ego und spüren Sie den Pulsschlag des Universums, wie er mit Freude Ihre persönliche Absicht nährt. Sie sehen jetzt vielleicht nicht die Ergebnisse, aber etwas sehr Kraftvolles ist im Gang.

Entspannen Sie sich in dem Wissen, dass das Universum Ihren göttlichen Geist in seinen heiligen Bestrebungen unterstützt. Vertrauen Sie auf die göttliche Ordnung und geben Sie den Dingen noch etwas mehr Zeit.

22
LIEBE DEINEN KÖRPER

Lieben Sie Ihren Körper. Seien Sie sich bewusst, wie schwer er arbeitet, und behandeln Sie ihn wie einen Freund. Er dient Ihrem Geist und möchte Ihnen das bestmögliche Gefäß sein. Sie müssen ihn nur von der Kontrolle Ihres Ego befreien, damit er Ihnen gut dienen kann.

Ihr Ego misstraut dem Körper und versucht, ihn zu beschämen und zu kontrollieren. Oder es verführt ihn zu Genusssucht oder

Trägheit. All das schwächt den Körper und macht ihn krank. Ihr Geist hingegen liebt und schätzt Ihre physische Präsenz als göttliches Geschenk und sorgt voller Liebe für Sie.

Um sich so vital zu fühlen, wie Sie gerne möchten, müssen Sie sich mit Ihrem Körper anfreunden, damit Ihr Geist friedvoll darin ruhen kann. Beginnen Sie damit, ihn heute zu segnen. Worum bittet er Sie, ohne dass Sie darauf eingehen? Was braucht er von Ihnen, das Sie ihm versagen? Was tun Sie mit ihm, das ihm Energie raubt?

Sie können nicht erfolgreich Ihren Geist leben, wenn er nicht in Ihrem Körper wohnen kann. Damit das möglich ist, müssen Sie Ihr physisches Selbst lieben und segnen. Betrachten Sie Ihren Körper als das Zuhause Ihres Geistes – und behandeln Sie ihn entsprechend.

23
ZEIGE EINSATZ

Was Sie sich wünschen, ist erreichbar, doch es erfordert mehr Einsatz, es zu verwirklichen. Geben Sie nicht auf und lassen Sie Ihre Wünsche nicht im Stich, weil die bisherigen Ergebnisse etwa frustrierend und entmutigend waren.

Schauen Sie sich lieber genau an, was Sie bis jetzt getan haben, um Ihren Traum zu verwirklichen, und gestehen Sie sich ein, an welchen Stellen mehr nötig gewesen wäre:

mehr Zeit, vielleicht mehr Energie, Geduld, Aufrichtigkeit, Wissen oder Hilfe von anderen; eventuell all dies zusammen und mehr. Scheuen Sie sich nicht vor der harten Arbeit, die notwendig ist, um einen Traum Wirklichkeit werden zu lassen. Und fürchten Sie sich nicht vor Enttäuschungen.

Ihr Ego lässt sich leicht abschrecken, aber Ihr Geist gibt nie einen Traum auf. Holen Sie sich von Ihrem Geist die notwendige Entschlossenheit, um weiter dranzubleiben. Seien Sie bereit, alles zu tun, um Ihrem Ziel näher zu kommen, und tun Sie es fröhlichen Herzens. Der einzige Grund, weshalb es noch nicht geklappt hat, lautet, dass Ihre Absicht mehr Einsatz erfordert, als Sie bislang investiert haben. Ihnen werden nicht Wünsche eingepflanzt, um Sie zu frustrieren. Ihr Sehnen entspricht Ihrem authentischen Selbst. Achten Sie nicht darauf, wenn Ihr Ego Ihnen aufzuhören rät. Ihr Geist kann alles erreichen, wovon Sie träumen, sofern Sie bereit sind, alles dafür einzusetzen. Also los!

24
SEI KREATIV

Es ist Zeit für Sie, Ihren kreativen Geist aktiv werden zu lassen. Heben Sie Ihren Blick über die gegenwärtigen Umstände hinaus und nutzen Sie Ihre innere Kraft, um neue Umstände zu erschaffen.

Ihre Welt hat mehr zu bieten, als es im Moment scheint, und Ihr Geist möchte gern etwas anderes machen. Sie stecken in Ihrer Spur fest und Ihr Ego meint, es gebe keinen anderen Weg. Das ist nicht wahr, und es ist Zeit, dass

Sie die Langeweile des immer Gleichbleibenden hinter sich lassen.

Erinnern Sie sich, dass Sie ein göttliches, schöpferisches Wesen sind, dessen Hauptaufgabe es im Leben ist, schöpferisch zu sein. Andernfalls lassen Sie Ihre größte Kraft ungenutzt. Schöpferisch zu sein bedeutet Freude und Kraft. Wenn Sie nicht wissen, wo anfangen, beginnen Sie mit kleinen Dingen: einem neuen Kochrezept, einem Gedicht, einem Bild, vielleicht sogar einem neuen Erscheinungsbild. Lassen Sie sich die Haare schneiden, frischen Sie Ihre Garderobe auf, probieren Sie andere Farben aus.

Stehen Sie auf und lassen Sie das Vorhersehbare und Ihre wenig erfüllende Gegenwart hinter sich. Treten Sie in die aufregende, fröhliche Welt des neu zu Erschaffenden ein. Sobald Sie sich entschieden haben, kreativ zu werden, wird Ihnen Ihr Geist zu Hilfe eilen. Sie haben nichts zu verlieren als die Langeweile und Unzufriedenheit, die Sie derzeit erleben.

25
ZEIT ZUM AUFTANKEN

Ihr inneres Licht ist gedämpft. Ihr Körper ist erschöpft, Sie fühlen sich überfordert und Ihr Verstand macht Überstunden. All das sperrt Ihren Geist aus.

Sie wissen es vielleicht noch nicht einmal, weil Ihr Ego sich damit brüstet, pausenlos im Hamsterrad rennen zu können. Doch egal, ob es Ihr Ego weiß oder nicht: Ihnen wird bald die Puste ausgehen. Also ist es höchste Zeit, aufzutanken und sich zu nähren.

Bitten Sie andere um Liebe und Unterstützung. Es kann so einfach sein: Fragen Sie eine Freundin, ob sie Sie zum Essen einlädt; bitten Sie Ihren Partner um eine Fußmassage; gönnen Sie sich eine Kosmetikbehandlung oder spielen Sie im Park mit Ihrem Hund.

Entscheidend ist, dass Sie sich von anderen helfen lassen, wieder ins Gleichgewicht zu kommen.

Dies ist nicht die Zeit, alles alleine zu bewältigen. Ihr Tank ist zu leer; Sie brauchen die Energie Ihrer Seelenfamilie und Freunde, um sich zu erholen. Ihr Geist hat kein Problem damit, um Hilfe zu bitten, nur Ihr Ego tut das ungern. Aber erinnern Sie sich: Durch Ihr Ego sind Sie überhaupt nur in diese Erschöpfung geraten. Und die anderen würden Ihnen allzu gern etwas Gutes tun.

Doch Vorsicht: Lassen Sie sich nicht von Ihrem Ego in die Falle locken, indem Sie jemanden um Unterstützung bitten, der noch ausgebrannter ist als Sie selbst. Das würde Ihnen nur wieder bestätigen, dass Sie allein sind. Gehen Sie zu jemandem, der eindeutig zur Verfügung steht, vielleicht eine ausgebildete Masseurin, eine Freundin, die Sie zu einem Konzert mitnehmen möchte, oder ein professioneller Therapeut. Wenn Sie sich so nähren lassen, sorgen Sie dafür, dass das Licht Ihres Geistes weiterhin erstrahlen kann. Das hilft nicht nur Ihnen, sondern auch der Welt.

Notizen

26
TRAU DICH, GLÜCKLICH ZU SEIN

Sie fangen an, die Schwingung der Freude zu spüren – ein Zeichen dafür, dass Ihr Geist sich endlich aus den Klauen des Ego befreit und Sie sich mit Ihrem wahren, göttlichen Wesen verbinden.

Ihre nächste Herausforderung liegt darin, offen zu zeigen, dass Sie glücklich sind, selbst wenn die Menschen um Sie herum das nicht zu schätzen wissen und Sie nicht ermutigen. Das Ego scheut dieses Gefühl, weil es darin keine Macht hat. Es hält Sie lieber im Leiden gefangen. Sobald Sie sich aus seinem Griff befreien, wird es versuchen, Sie wieder zurückzulocken, indem es Ihnen weismacht, Ihre Freude täusche oder sei nur vorübergehend oder Sie würden sie wieder verlieren, sodass Sie sich gar nicht erst darauf einlassen sollten.

Und nicht nur das Ego will Ihre Freude stören. Auch Ihre Mitmenschen versuchen vielleicht, sie Ihnen zu nehmen, oder sie entziehen sich Ihnen, weil sie misstrauisch oder neidisch sind oder durch Ihre Zufriedenheit daran erinnert werden, wie unzufrieden sie selbst sind. Nehmen Sie es einfach nicht persönlich, wenn andere versuchen, Ihnen Ihre Freude zu verleiden. Sie beobachten Sie, um herauszufinden, was es mit Ihrer Freude auf sich hat und ob sie dem Druck standhält.

Stehen Sie aufrecht zur Freude Ihres Geistes und lassen Sie die Welt wissen, dass es eine Alternative zum Leiden gibt. Meiden Sie die Überzeugung, Sie müssten leiden, um mit anderen in Kontakt zu treten. Teilen Sie Ihre Freude mit anderen, aber seien Sie bereit, sie auch alleine zu genießen. Nach und nach werden sich die anderen von Ihrer höheren Schwingung inspirieren lassen, damit in Resonanz gehen und ebenfalls ihr Glück finden. Bis dahin genießen Sie Ihren Geist und wissen Sie, dass Sie im Himmel gute Freunde haben.

Notizen

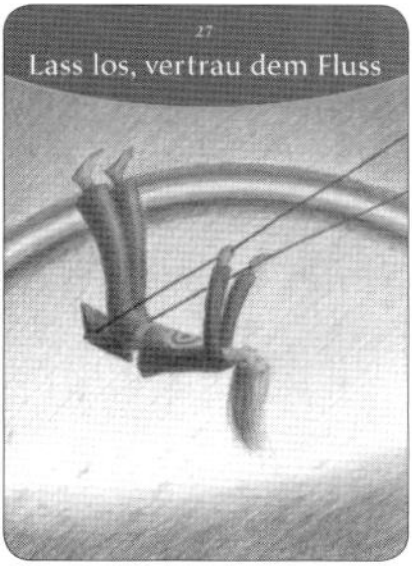

27
LASS LOS, VERTRAU DEM FLUSS

Ihr Ego leistet in einem bestimmten Bereich des Lebens Widerstand und versucht, die Lebenskraft zu dämpfen oder zu kontrollieren. Das ist gerade so, als wollte es das Meer aufhalten: Es ist anstrengend und albern, weil es unmöglich ist.

Ihr Geist dagegen nimmt das Leben voll und ganz an und lässt sich mutig und entschlossen auf sein Auf und Ab, seine Ebbe und Flut und alle Veränderungen ein.

Achten Sie darauf, in welchen Bereichen Ihr Ego die Zügel zu eng zieht und sich dem Fluss widersetzt. Fragen Sie sich: *Was versuche ich zu vermeiden? Wen oder was versuche ich zurückzuhalten oder zu kontrollieren? Was versuche ich ängstlich zu kontrollieren, statt mich der Bewegung anzuvertrauen?*

Es ist hilfreich, diese Fragen laut zu beantworten. Sobald Sie wissen, wo Ihr Ego sich dem Strom des Lebens widersetzt, bitten Sie Ihren Geist, einzuschreiten und Ihnen zu helfen, stattdessen auf der Welle zu reiten.

Um Ihnen zu helfen, loszulassen und sich dem Fluss anzuvertrauen, nehmen Sie einen kleinen Gegenstand in die Hand und drücken Sie ihn fest mit Ihrer linken Hand. Drücken Sie weiter und versuchen Sie gleichzeitig, mit derselben Hand einen weiteren Gegenstand aufzunehmen. Das ist kaum möglich, stimmt's? Es geht nur, wenn Sie Ihre Hand frei machen und den ersten Gegenstand loslassen. Tun Sie es also. Befreien Sie Ihren ganzen Körper, indem Sie alle Starrheit und Angespanntheit herausschütteln, die einst aus dem Widerstand gegen den Fluss des Lebens entstanden sind.

Atmen Sie ein, tauchen Sie ein und nehmen Sie alles an, was Ihnen jetzt entgegenkommt. Ihr Ego mag sich fürchten und versuchen, den Wandel aufzuhalten, aber Ihr Geist ist bereit und fähig, mit allem anmutig umzugehen. Vertrauen Sie darauf und lassen Sie sich auf die anstehenden Veränderungen ein.

Notizen

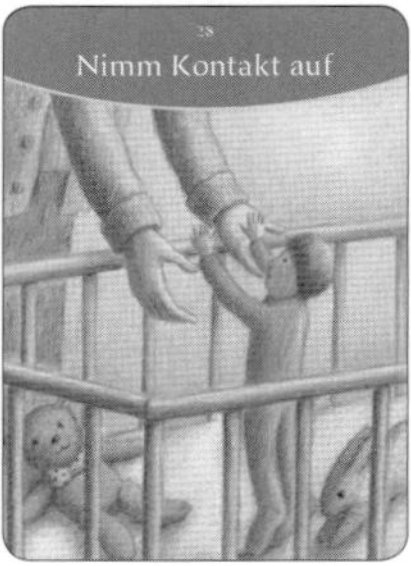

28
NIMM KONTAKT AUF

Es ist Zeit, Ihr Herz und Ihre Arme zu öffnen und andere mit Ihrem Geist zu berühren. Ihr Ego verschanzt sich hinter einem Schutzschild und will Ihnen weismachen, da draußen seien Feinde, vor denen Sie sich schützen und zurückziehen sollten. Ihr Geist hingegen weiß, dass es da draußen keine gefährlichen »anderen« gibt, sondern nur »uns«, wundervolle Seelen, die geliebt werden wollen und die jetzt Ihre Liebe brauchen.

Überprüfen Sie Ihre Körperhaltung. Sind Ihre Arme eng vor der Brust verschränkt? Wenden Sie Ihren Körper und Ihre Augen von Ihren Mitmenschen ab? Halten Sie sich von anderen fern, aus Furcht, sich zu verbinden und Teil von deren Leben zu werden? Lassen Sie nicht zu, dass andere Teil Ihres Lebens werden?

Ihr Geist möchte, dass Sie jetzt mit anderen Kontakt aufnehmen. Lösen Sie Ihre verschränkten Arme, wenden Sie sich jenen zu, die um Sie sind, und gehen Sie in Kontakt. Ihre Liebe und Ihre heilenden Kräfte werden gebraucht. Vertrauen Sie darauf, dass Sie wichtig sind, und gehen Sie in Verbindung.

29
SAG »ES TUT MIR LEID!«

Seien wir ehrlich: Das Ego hasst es, seine Fehler zuzugeben; es sagt ungern: »Es tut mir leid.« Lieber entwickelt es eine lange Liste von Ausreden und Erklärungen für sein unschönes, furchtsames Verhalten. Das Ego beachtet nicht, welche Wirkung es auf andere hat, weil es zu sehr mit seiner Verteidigung beschäftigt ist.

Ihr Geist hingegen zögert nicht, sich für alle Fehler des Ego zu entschuldigen, sobald sie offenkundig werden. Er weiß, wir sind alle hier, um zu lernen, und Fehler gehören dazu. Ihr Geist lebt im Jetzt und ist sich bewusst, dass Gegenwärtigkeit nur möglich ist, indem Fehler schnellstmöglich vergeben werden und wenn um Vergebung für Fehler gebeten wird.

Es ist Zeit, im Hinblick auf Fehler Ihrem Geist zu folgen. Wo könnten Sie jemanden verletzt haben? Wo haben Sie harte Worte gesprochen, sodass der andere an sich selbst zweifelt? Wo haben Sie das Licht eines anderen verdunkelt? Wo haben Sie Freude verdorben, Neid oder Eifersucht verspürt oder geringschätzig über andere geredet?

Weil wir alle ein Geist sind, schmerzen diese Fehler nicht nur andere und dämpfen das Licht der Welt, sondern sie tun auch Ihnen selbst weh. Folgen Sie Ihrem Geist zurück zum Punkt der Verletzung und sagen Sie: »Es tut mir leid!« Lassen Sie sich diese Heilung nicht durch den Stolz Ihres Ego vereiteln. Jede Entschuldigung bringt mehr von Ihrem Licht zurück. Entschuldigen Sie sich jetzt – bei sich selbst und bei anderen.

30
LEHNE DICH AUF

Es ist Zeit für Ihren Geist, sich gegen Ihr Ego aufzulehnen und die Führung über Ihr Leben zu übernehmen. Sie sind niemandem verpflichtet außer Ihrem Höheren Selbst. Es ist Zeit, alle früheren Autoritätspersonen loszulassen, die immer noch Ihre innere Welt beherrschen, und Ihrem Geist das Kommando zu übergeben.

Befreien Sie sich von der Angst, die Sie aus der Vergangenheit mit sich tragen. Rufen Sie sich all die Geister vergangener Jahre in Erinnerung, denen Sie sich aus Furcht vor Geringschätzung und vor Drohungen unterworfen haben. Stellen Sie sie innerlich in einer Reihe auf und lassen Sie einen nach dem anderen auf menschliche Größe zusammenschrumpfen.

Vergeben Sie den Autoritätspersonen Ihrer Vergangenheit ihr einschüchterndes Verhalten und sehen Sie hinter den Masken den göttlichen Geist. Es sind Menschen wie Sie, die sich fürchteten und die es zuließen, dass ihr Ego *Sie* ängstigte. Klarheit und Vergebung sorgen dafür, dass diese Gestalten keine Gewalt mehr über Sie haben.

Sie sind nur Gott und Ihrer persönlichen Wahrheit verpflichtet. Die Frage ist jetzt allerdings: *Wie sieht Ihre persönliche Wahrheit aus?* Lauschen Sie auf die Antwort Ihres Geistes und folgen Sie ihr als Ihrer Autorität.

31
TANZE WEITER

Ihr Geist ist lebendig und wohlauf und bewirkt Heilung in Ihrem Leben. Sie schwingen sich immer weiter auf. Im Augenblick sollten Sie sich nur darauf konzentrieren, das zu tun, was Sie tun. Ihr Geist tanzt mit dem Leben, und das Leben tanzt gerne mit. Ihr Erfolg wird sich fortsetzen, Ihre persönliche Freude wachsen, und die Fülle wird Ihnen treu bleiben, solange Sie mit dem Leben weitertanzen. Verlieren Sie möglichst wenig Worte, sonst könnte sich Ihr

Ego einschleichen und durch zu viel Reden Ihr Selbstvertrauen und Ihren Rhythmus stören.

Machen Sie weiter, folgen Sie den Impulsen Ihres Geistes. Oder noch besser: Legen Sie eine CD auf und tanzen Sie. Lassen Sie Ihren Geist heute ein paar Minuten lang sich schütteln, drehen und ausschwingen. Und morgen noch einmal. Je öfter Sie tanzen, desto vollständiger verkörpert sich Ihr Geist in Ihnen und kann Sie umso direkter zu Ihrem Ziel führen. Halten Sie den Rhythmus und genießen Sie den Fluss.

32
REDE LIEBEVOLL

Achten Sie auf die Schwingungen, die Sie zurzeit mit Ihren Worten erzeugen. Falls Sie zulassen, dass das Ego achtlos redet, kann das in anderen Emotionen wecken und einen Tsunami der Angst in Bewegung setzen. Diese zerstörerische Schwingung fängt zuerst klein an, baut sich aber im Lauf der Zeit auf und schlägt immer auf ihren Ausgangspunkt zurück – und zwar mit Wucht. Der Geist hingegen besänftigt die aufgewühlten Wasser der menschlichen

Gefühle. Er beruhigt die Ängste mit seiner Unterstützung, Wertschätzung und Liebe.

Es ist Zeit, dass Sie sich der Wirkung Ihrer Worte bewusst werden. Erzeugen Sie Flutwellen der Angst? Wirbeln Ihre Worte die emotionalen Gewässer der Menschen um Sie herum auf? Oder sind Sie ein/e Botschafter/in der Liebe, indem Sie andere respektvoll und fröhlich ansprechen? Vermitteln Sie anderen das Gefühl, sicher und geliebt zu sein?

Ihr Geist lädt Sie ein, sich den Einfluss zu vergegenwärtigen, den Sie auf andere haben; also vergewissern Sie sich, dass Sie Ihren Geist sprechen lassen und nicht Ihr Ego. Ihr Geist ist eine wundervolle Quelle göttlichen Lichts, die mit ein paar wohlgesetzten, liebevollen Worten heilen kann. Derartige Botschaften des Geistes können stürmische Gefühle in einen friedlichen See der Gelassenheit verwandeln.

33
SIEH DAS LICHT

Die große Illusion des Ego besteht darin, dass es sich als geringer oder besser als andere betrachtet. Das erzeugt den trügerischen Eindruck der Getrenntheit und Isolation und schneidet Sie vom göttlichen Strom des Lebens ab.

Der göttliche Geist in Ihnen weiß, dass wir alle aus derselben Quelle stammen, und würdigt das eigene Selbst und die anderen gleichermaßen. Die Alten nannten dieses falsche Gefühl der Getrenntheit den »trüben Blick«: die traurige innere Haltung, die nicht mehr die Schönheit in allem erkennen kann.

Wo leiden Sie in Ihrem Leben unter dem trüben Blick? Wo fühlen Sie sich schlechter oder besser als die anderen? Wo fühlen Sie sich unter- oder überlegen? Wo sind Sie neidisch oder gefühlstaub, wütend oder verunsichert? Diese falschen Wahrnehmungen rauben Ihnen Ihr Recht auf inneren Frieden und schneiden Sie von der Quelle ab.

Jeder in Ihrem Leben spiegelt einen Aspekt Ihrer selbst wider. Wenn Sie sich unterlegen fühlen, nehmen Sie Ihre eigenen Stärken und Begabungen nicht an. Wenn Sie sich überlegen fühlen, missachten Sie das Göttliche in den anderen. In beiden Fällen leiden Sie.

Jeder Mensch in Ihrem Leben spiegelt Sie selbst. Sofern Sie sich geringer fühlen als andere, würdigen Sie Ihre Fähigkeiten und Ihre Schönheit nicht genug. Wenn Sie sich besser als andere fühlen, versagen Sie sich das, was andere zu Ihrem Leben beitragen könnten.

Um den trüben Blick zu klären, können Sie Ihre Wahrnehmung auf die Elemente richten, die Sie mit denen gemeinsam haben, von denen Sie sich getrennt fühlen. Sehen Sie in sich selbst und in den anderen sowohl das Menschliche als auch das Göttliche. Wir alle haben unsere Schwächen genauso wie das göttliche Licht. Befreien Sie sich vom trüben Blick, indem Sie durch die Augen des Geistes schauen statt durch die Filter des Ego.

Notizen

34
STOPP!

Ihr Ego tobt vor Verwirrung. Das verursacht unnötigen Stress und leitet Sie in die falsche Richtung. Sie laufen gerade Gefahr, überzogen zu reagieren und deswegen schlechte Entscheidungen zu treffen. Sie fühlen sich vielleicht bedroht, defensiv oder wütend; möglicherweise kommen Sie sich wie getrieben vor, andere mit aller Macht glücklich machen zu wollen.

Wie auch immer sich dieses wild gewordene Gefühl zeigt – es ist Zeit, innezuhalten.

Auch wenn es anders aussehen mag – Sie selbst sind die Ursache Ihrer Schwierigkeiten, niemand anderes.

Ob es Projektionen sind, extreme Reaktionen, Abwehr oder Überkompensation: Das Verhalten Ihres Ego dient gerade in keiner Weise Ihrem höchsten Wohl. Es ist Zeit, das Kommando höheren Mächten zu übergeben und aufzuhören, Ihre persönlichen Interessen durchsetzen zu wollen.

Atmen Sie tief durch und kehren Sie zu Ihrem Geist zurück. Beenden Sie alles, was Sie gerade tun, und wenden Sie sich nach innen. Bitten Sie Ihren Geist, Sie zu beruhigen. Tun Sie ein Weilchen gar nichts. Statt sich weiter gegen die Tür des Lebens zu stemmen, um sie aufzuzwingen, treten Sie einen Schritt zurück: Sie werden erkennen, dass sie sich nach innen öffnet. Nichtstun bedeutet nicht, dass nichts geschieht. Sobald Sie aufhören, Wellen zu schlagen, wird das Universum alle Ungleichgewichte ausgleichen.

35
SAG »JA!«

Das Ego fürchtet sich und mag sich nicht verbindlich einlassen. Es zögert, weicht zurück und traut sich nicht, sich verletzlich zu zeigen. Es wartet ab, bis es absolut sicher ist.

Das Problem liegt hier darin, dass sich das Ego nie hundertprozentig sicher fühlt; also handelt es nicht – es reagiert nur. Der Geist hingegen weiß, dass Sie im Moment des Zögerns diesen Augenblick schon verpasst haben, denn das Leben wartet nicht, es fließt immer weiter – und jetzt lädt es Sie ein, mit ihm zu fließen.

Lassen Sie nicht zu, dass Ihr Ego Sie von den herrlichen Möglichkeiten abhält, die vor Ihnen liegen. Nutzen Sie die Chance und vertrauen Sie dem, was sich entfalten will. Ergreifen Sie den Moment, spielen Sie den Ball und lassen Sie sich auf das Leben ein. Sie sind aufgefordert, mit dem Strom zu gehen, und das sollten Sie nicht verpassen. Zögern Sie jetzt nicht. Sagen Sie Ja zum Leben und handeln Sie.

36
SAG »NEIN!«

Das Ego konfrontiert Sie mit Verhaltensweisen und Umständen, die nicht in Ihrem Interesse sind. Es hält Sie davon ab, sich selbst zu lieben und Ihren Geist zu würdigen. Machen Sie sich das bewusst und sagen Sie Nein dazu.

Wenn Ihr Ego übermäßige Schwelgereien des Körpers, der Emotionen oder des Denkens gutheißt und Sie mit unbewussten und lieblosen Menschen und Situationen zusammenbringt, wissen Sie in Ihrem Herzen, dass die

Umstände Ihnen schaden können. Sinnen Sie darüber nach, welches Verhalten, welche Assoziationen oder Gedanken Sie dazu treiben.

In welchem Bereich Ihres Lebens schwimmen Sie gegen den Strom Ihres Geistes? Wo missachten Sie die Führung Ihres Höheren Selbst? Welche Situationen, Verhaltensweisen, Entscheidungen oder Personen sind ungesund für Sie? Ihr göttlicher Schöpfer hat Ihnen die Gabe des freien Willens verliehen und erlaubt Ihnen, zu wählen. Sie sind frei in Ihren Entscheidungen, aber nicht frei von deren Konsequenzen.

Betrachten Sie Ihre Situation sorgfältig: Erkennen Sie, welche Entscheidungen Sie dorthin gebracht haben, und sagen Sie Nein zu allem, was negativ und ungesund für Sie ist. Lieben und schätzen Sie Ihren Geist genug, um abzulehnen, was ihm nicht guttut. Die göttlichen Kräfte stehen Ihnen bei, sobald Sie sich entschieden haben, dass Sie sich genug lieben, um entschieden »Nein!« zu sagen.

37
SCHAFFE ORDNUNG

Das Ego ist ein stolzes Wesen. Es möchte nicht eingestehen, dass es verletzen kann, und richtet deswegen immer wieder großen Schaden an. Es kann so selbstbezogen sein, dass es nicht einmal merkt, wie es Probleme verursacht. Es wundert sich höchstens über die Abwehr, die Ablehnung, den Ärger und die Traurigkeit, mit der andere auf es reagieren.

Wenn sich Ihr Ego verletzend verhält, dann schmerzt das nicht nur die anderen, sondern auch Ihren eigenen Geist. Deshalb ist es an der Zeit, Ihr Ego einzufangen und die Dinge in Ordnung zu bringen. Wo haben Sie in letzter Zeit Leid verursacht – sei es bei Ihnen selbst oder bei anderen? Wo hat Ihr Ego angegriffen, um sich zu schützen, und ein Schlachtfeld der Verletzungen zurückgelassen? Wo waren Sie achtlos und haben in der Welt eines Mitmenschen Schaden angerichtet, den andere aufräumen mussten? Wann haben Sie einen anderen Menschen in Selbstzweifel gestürzt?

Kehren Sie an den Tatort zurück und bringen Sie von Ihrem Geist aus die Dinge wieder in Ordnung. Fragen Sie jene, die von Ihnen verletzt, im Stich gelassen, enttäuscht oder verunsichert wurden, wie Sie zur Wiedergutmachung beitragen können. Bieten Sie Ihre Hilfe an. Tun Sie nicht so, als würden Sie den Schaden nicht sehen. Alles kann geheilt werden, wenn Sie nur bereit sind, den Schaden, den Sie verursacht haben, wieder in Ordnung zu bringen.

38
SEI HILFSBEREIT

Der größte Ausdruck des Geistes liegt darin, andere zu lieben und ihnen zu dienen, und Ihr Geist möchte jetzt genau das tun.

Verwechseln Sie einen Dienst nicht mit einer Rettung: Dienen ist ein Akt großer spiritueller Kraft, der aus Liebe entsteht und andere stärken möchte; der Wunsch, zu retten, entspringt jedoch dem ängstlichen Ego und hält Sie und die andere Person in den Fesseln der Schwäche gefangen.

Schauen Sie sich um und achten Sie darauf, wo Ihr Geist aufgerufen wird, zu dienen. Wo wird eine hilfreiche Hand benötigt? Wo kämpft sich jemand ab, dem Sie es erleichtern könnten? Wo könnten Sie andere stärken und ihnen helfen, sich ihrer Göttlichkeit zu besinnen?

Öffnen Sie Ihre Augen und Ihr Herz und nutzen Sie die Chancen, die sich Ihnen bieten. Unterscheiden Sie dabei aufmerksam zwischen Dienst und Rettung, Liebe und Angst.

Lassen Sie nicht zu, dass Ihr Ego Sie abhält, mitfühlend zu dienen, indem es andere retten will, ohne deren eigene Entwicklung im Sinn zu behalten. Tun Sie einfach, was Sie können, um die Menschen um Sie herum in ihrem Geist zu stärken – ohne Vorbehalte oder Kritik. Wahres Herrschen besteht im Dienen, und Ihr Dienst ist jetzt gefragt.

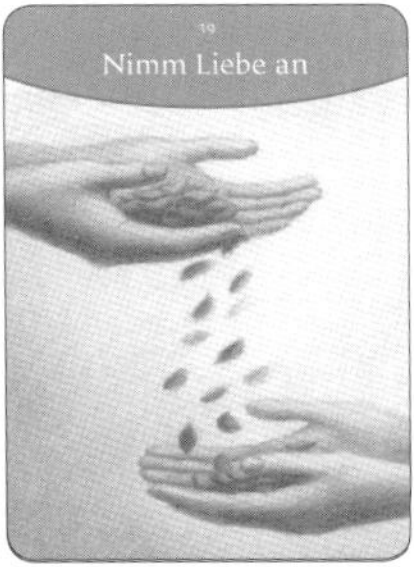

39
NIMM LIEBE AN

Sie sind ein Kind des Universums, und Ihr Schöpfer liebt Ihren heiligen Geist. Gott hat sogar Wohlgefallen an Ihrem Geist, genauso wie die Menschen um Sie herum.

Ihr Ego bezweifelt diese Wahrheit. Es flüstert Ihnen ein, Sie seien weder gut genug noch klug genug, weder attraktiv genug noch erfolgreich genug, um wirklich geliebt zu werden. Das ist eine Lüge, die es zu bekämpfen gilt.

Sie sind unendliches Licht, das eine menschliche Erfahrung macht. Ihr Schöpfer kennt Sie nur als wundervolles, göttliches, unendliches Licht und liebt Sie bedingungslos. Nur Ihr Ego will Ihnen etwas anderes weismachen.

Sammeln Sie Ihr Licht und werfen Sie es auf die Schatten Ihrer Ängste. Es gibt keinen Grund, nach Liebe zu suchen, denn sie ist bereits da. Sie brauchen nur Ihre Ängste loszulassen und die Liebe anzunehmen, die Ihr Schöpfer und das Leben für Sie bereithalten.

Fragen Sie sich: *Wo spüre ich keine Liebe? Wo weise ich sie zurück? Womit vermittelt mir mein Ego das Gefühl, unzulänglich zu sein? Welche Schatten dämpfen das Licht der Liebe, die für mich da ist?* Bitten Sie Ihren Geist, sein strahlendes Licht auf diese dunklen Gedanken und ängstlichen Gefühle zu lenken. Atmen Sie ein und akzeptieren Sie das Licht und die Liebe, die Ihr Schöpfer für Sie hat. Das wird die Schatten des Selbstzweifels und der Verurteilungen verjagen.

40
SAG »DANKE!«

Haben Sie bemerkt, wie viele Menschen gerade zu Ihrem Erfolg beitragen? Lassen Sie Ihre Ängste einen Augenblick beiseite, um das zu erkennen. Würdigen Sie die stille Liebe und den Dienst all dieser Menschen, die Sie brauchen, um sich sicher und geerdet zu fühlen.

Würdigen Sie vor allem jene, die ganz unauffällig wirken und zufrieden sind, helfen zu können: vielleicht Ihr Partner, Ihre Eltern oder Geschwister; Lehrer oder Mentoren, die an Sie glauben; ein Chef, der Sie drängt, Ihre Begabungen zu entfalten, oder ein Mitarbeiter, der Ihnen zuverlässig den Rücken frei hält. Denken Sie auch an Ihre Kinder, die Sie zum Lachen bringen oder Ihnen Ihre Stärke bewusst machen; an einen Nachbarn, der Ihnen zulächelt und winkt, oder an eine Freundin, die Ihnen stundenlang am Telefon zuhört und hilft, Ihr Leben zu sortieren.

Diese stillen Stützen sind Ihr Fundament, doch Ihr Ego war zu beschäftigt, um sich bei allen zu bedanken, die zu Ihrem Leben positiv beitragen. Lächeln Sie und würdigen Sie diese Geschenke. Es ist Zeit, jene wahrzunehmen, auf die Sie angewiesen sind: vom Postboten, der Ihnen die Briefe bringt, über die junge Frau im Café, die Ihren Cappuccino so gut zubereitet, bis hin zu Ihrem Konkurrenten, der Sie anstachelt, Ihre Kreativität voll auszuschöpfen. Beachten Sie die stille Anmut, mit der all diese Menschen dazu beitragen, dass Sie frei sind, um innerlich gelassen zu sein.

Nehmen Sie den Dienst der anderen nicht selbstverständlich hin – danken Sie ihnen!

41
SEI ZUVERSICHTLICH

Das Ego schaut zurück und suhlt sich in Bedauern; der Geist schaut nach vorne, voll freudiger Erwartung. Das Ego schaut zu Boden und sieht nur wenig Chancen; der Geist sieht auf und erkennt zahllose Möglichkeiten. Das Ego sucht Probleme und hält sich für ein Opfer; der Geist sucht nach Lösungen und betrachtet sich als Genie.

Ihr Geist möchte, dass Sie aufschauen und das wundervolle Leben vor sich erkennen.

Die Vergangenheit ist vorbei und Sie können daraus lernen. Die Zukunft ist noch nicht entschieden und offen, zu dem zu werden, was Sie sich wünschen.

Schauen Sie optimistisch und begeistert auf die wundervollen Möglichkeiten, die vor Ihnen liegen. Nichts steht Ihnen im Weg – außer die Gewohnheit des Ego, Ihren Blick einzuschränken. Blicken Sie auf und Sie werden sehen, dass sich die Türen vor Ihnen öffnen. Sie sind frei von der Vergangenheit, also schauen Sie nicht mehr zurück. Spähen Sie mit leichtem Herzen vorwärts. Sie werden entzückt sein, was Sie dort sehen.

42
HAB SPASS

Es ist wichtig, das strahlende innere Licht Ihres Geistes aufrechtzuerhalten, um in dieser dunklen, negativen, egozentrischen Welt guter Dinge zu bleiben. Der beste Weg dazu: Umgeben Sie sich bewusst mit Dingen, die den Geist in jeder Hinsicht beglücken.

Nähren Sie Ihr inneres Licht mit Dingen, die ganz altmodisch Spaß machen. Nehmen Sie mit humorvollen Freunden Kontakt auf, experimentieren Sie mit Geräuschen,

Düften, Geschmacksvarianten und Stoffen, die Ihr inneres Kind belustigen. Lassen Sie alles Langweilige, Pflichtgemäße und Verantwortungsbewusste für ein Stündchen – oder einen Tag – beiseite und tun Sie etwas Spontanes, Freches.

Das Licht Ihres Geistes ist das Licht Ihres inneren Kindes. Fragen Sie es, was es sich heute wünscht. Vielleicht ist es etwas Einfaches: eine Fernsehkomödie anschauen, ein Einkaufsbummel, eine Probefahrt mit einem schicken Auto oder ein Picknick auf dem Wohnzimmerboden. Was immer Ihnen einfällt – brechen Sie mit der Konvention und der Routine und tun Sie etwas Ungewöhnliches. Das Ego verachtet alles Alberne, doch es ist ein direkter Weg zur Freude. Seien Sie frivol. Haben Sie Spaß. Seien Sie albern. Es nährt Ihr Licht.

43
SEI UNEIGENNÜTZIG

Ihr Geist möchte, dass Sie Entscheidungen treffen, die den Bedürfnissen der anderen mehr entsprechen als Ihren eigenen. Vielleicht bedeutet das, dass Sie heute nicht zum Sport gehen und stattdessen Ihrer Kollegin helfen, ein Projekt fertig zu stellen; vielleicht sagen Sie eine Kneipentour mit Freunden ab, weil ein Bekannter aus einer anderen Stadt überraschend bei Ihnen übernachten möchte; oder Sie ändern Ihre Urlaubsplanung, um zur Hochzeit

Ihres Mitarbeiters gehen zu können. Welches Opfer Ihnen auch gerade abverlangt wird: Seien Sie sich bewusst, dass Ihre Bereitschaft dazu dem höheren Wohl aller dient.

Das Ego lässt sich nicht gern unterbrechen. Ein Eingriff in seine Pläne empfindet es als einen Angriff auf seine Wichtigkeit, den es brüsk abzuweisen gilt – was oft unangenehme Folgen nach sich zieht. Der Geist ist dagegen flexibel und anpassungsfähig und setzt seinen Dienst an der Menschheit über alle eigenen Interessen. Auch wenn Ihr Ego sich durch die Unterbrechung vielleicht vorübergehend gestört fühlt, wird Ihnen Ihre Bereitschaft, anderen entgegenzukommen, mehr inneren Frieden bringen, als das Ego Ihnen je vermitteln kann. Weisen Sie Ihr Ego also an, gelassen zu bleiben, und rechnen Sie mit Unterbrechungen. Ihr Geist wird seine Freude daran haben.

44
BLEIB DRAN

Wenn Sie Ihren Geist aufwecken und anfangen, in der höheren Frequenz der Liebe zu leben, fühlt sich das Ego verwirrt und leistet Widerstand. Diese neue Energie schränkt die Macht des Ego ein; deshalb versucht es, die Veränderungen aufzuhalten und umzukehren.

Seien Sie sich des Widerstands des Ego bewusst und bleiben Sie Ihrem Geist trotzdem treu. Hören Sie nicht auf Ihren inneren Ego-Dialog, der Sie nur entmutigen und

Ihnen einflüstern will, Sie würden Ihre Zeit vergeuden.

Ihre Schwingung zu erhöhen und sie erhöht zu halten – das erfordert Geduld, Übung und Disziplin. Bleiben Sie bei Ihrer Entscheidung, Ihren Geist voll zu leben. Bleiben Sie dem treu, was Sie lieben, woran Sie glauben und was Ihrem authentischen Selbst entspricht. Auch wenn es nicht gleich Ergebnisse zeigt, können Sie doch die Veränderung in Ihren Zellen spüren, die damit einhergeht, dass Sie immer mehr Licht und Liebe in Ihr Sein bringen. Bleiben Sie bei Ihren höheren Absichten und schon bald werden Sie die Wirkung in Ihrer Welt erleben.

45
ZEIT FÜR DEINEN GEIST

Das Ego hält alle Zeit und Energie, die Sie für die Entwicklung und Stärkung Ihres Geistes aufwenden, für vergeudet und sinnlos. Ihr Geist hingegen weiß, dass alle Zeit, die Sie auf diese Weise für sich nutzen, Ihnen tausendfach in Form von Glück, Zufriedenheit und Fülle zugute kommen wird.

Zögern Sie nicht, sich auf das einzulassen, was Ihrem Geist am wichtigsten ist. Vielleicht ist es die Zeit zum Beten oder Meditieren, zum Lesen spiritueller Bücher oder der Besuch eines Seminars. Eventuell möchte sich Ihr Geist gerne stärker in Ihrer Gemeinde engagieren, um sich mit anderen zu verbinden, die auch nach einer höheren Schwingung streben. Was auch immer gerade gefragt ist: Erkennen Sie seinen Wert und seien Sie gewiss, dass Sie gemäß dem göttlichen Gesetz im selben Maße erhalten werden, wie Sie geben.

Versorgen Sie Ihren Geist mit der Zeit, Energie und Unterstützung, die er braucht, um sich zu stärken und zu wachsen. Es gibt gerade nichts Wertvolleres für Sie.

46
SCHRITT FÜR SCHRITT

Um Ihren Geist zu leben, müssen Sie etwas in Ihrem Leben verändern. Mag sein, dass sich manche Veränderungen zu überwältigend anfühlen, als dass Sie es wagen würden, sie in Gang zu setzen. Doch das ist nur das Spiel des Ego, das Ihren Geist zu entmutigen sucht, damit Sie umkehren und in Angst leben.

Wagen Sie beherzt die Herausforderung, Ihren Geist ohne Umschweife zu leben, aber tun Sie es planvoll. Teilen Sie die notwendigen

Veränderungen in kleine, machbare Schritte auf: Notieren Sie, welches Ziel Sie anstreben, und dann nähern Sie sich ihm Stück für Stück. Tun Sie jeden Tag nur ein bis zwei Dinge in dieser Richtung.

Möchten Sie zum Beispiel körperlich aktiver werden, beginnen Sie Ihren Tag zwanzig Minuten früher, um draußen eine Runde zu drehen. Wenn es Ihr Ziel ist, eine andere Arbeit zu finden, beginnen Sie damit, aufzuschreiben, was Sie gerne tun würden, machen Sie einen Anruf zum Thema oder aktualisieren Sie Ihren Lebenslauf und hören Sie für diesen Tag damit auf; morgen erledigen Sie das Nächste. Das heißt, welches Ziel Ihr Geist auch haben mag, teilen Sie den Weg dahin in ein oder zwei tägliche Aufgaben und tun Sie nicht mehr als das. Und morgen wieder etwas.

Wir gehen Veränderungen am besten an, indem wir sie in Häppchen aufteilen. Große Umwälzungen sind für das Ego viel zu bedrohlich, als dass es sie zulassen könnte. Schleichen Sie sich in kleinen Schritten an Ihr Ziel heran. Sie werden eher da sein, als Sie meinen.

47
ENTSCHEIDE, WOHIN ES GEHT

Ihr Geist kommt am vollständigsten zum Ausdruck, wenn Sie Ihre schöpferische Kraft annehmen und nutzen. Das Ego will diese Kraft leugnen, und verharrt lieber in der Opferrolle. Damit fühlen Sie sich hoffnungslos dem Schicksal ausgeliefert und ohne Wahlmöglichkeiten. Der Geist andererseits weiß nicht nur, dass er ein göttlicher Schöpfer ist – er lenkt Ihre schöpferische Kraft auch jeden Tag auf befriedigende Ziele hin.

Der einfachste Weg, diesen Prozess zu unterstützen, liegt darin, sich zu entscheiden, was bei Ihren Bemühungen herauskommen soll. Statt zum Beispiel auf eine neue Arbeit zu *hoffen, entscheiden* Sie, dass Sie eine haben werden, die Sie erfreut und befriedigt. Statt darum zu *beten,* dass Ihnen eine romantische Beziehung ins Haus schneien möge, *entscheiden* Sie, zu lieben und geliebt zu werden und heute damit anzufangen.

Planen Sie Ihre Zukunft aufgrund Ihrer Entscheidungen, statt sie ängstlich zu fürchten. Visualisieren Sie, wie sich Ihre Ziele manifestieren werden. Erwarten Sie Gutes und seien Sie gewiss, dass es auf dem Weg zu Ihnen ist. Lassen Sie Hoffnungen und Wunschdenken beiseite – auch dies sind Manifestationen des Ego, um Sie weiter am Erfolg zweifeln zu lassen. Richten Sie Ihre Absicht aus und erwarten Sie, dass sie sich erfüllen wird – jetzt.

48
DU BIST IN SICHERHEIT

Das Ego quält Sie mit Ängsten vor Gefahr. Es lässt Sie immer wieder die Grenzbereiche Ihres Lebens kontrollieren und erwartet jederzeit einen Angriff. Das ist anstrengend und beängstigend und lässt Ihnen keinen Spielraum für Entspannung.

Der Geist dagegen umfängt Sie mit einem kraftvollen Schutzschild aus Licht, warnt Sie vor echten Gefahren, bevor sie Sie erreichen, und schiebt sie sanft aus dem Weg, wenn es nötig ist. Er erlaubt Ihnen, sich angstfrei zu entspannen.

Atmen Sie tief ein und erkennen Sie, wie viel Angst Sie mit sich herumtragen. Lassen Sie mit dem Ausatmen alle Ängstlichkeit aus dem Körper fließen und ersetzen Sie sie beim nächsten Einatmen mit schützendem, liebevollem Licht. Sie sind in Sicherheit. Die Gefahr ist vorüber. Niemand will Sie attackieren. Und vor allem fürchten Sie sich nicht, Ihr Leben in die Hand zu nehmen.

So wie niemand da ist, der Sie angreifen will, ist auch keiner da, der Sie auf jeden Fall retten wird – jedenfalls niemand außerhalb von Ihnen. Die Sicherheit, die Sie suchen, ist jedoch möglich: Sie finden sie in Ihrem Geist. Ihr Geist ist in Ihrem Herzen und behütet Sie zu jeder Zeit. Ihr Geist ist zuverlässig, Sie brauchen sich nicht zu fürchten. Lassen Sie sich von Ihrem Ego nicht mehr Ihren Frieden rauben. Sie sind sicher.

49
ENTGIFTUNG

Das Ego speichert Negativität für lange Zeit. Sie setzt sich im Verstand und im Körper in zerstörerischen Einstellungen, Gewohnheiten, Verhaltens- und Gefühlsmustern ab.

Je mehr Negativität Sie ansammeln, desto schwieriger wird es, das Licht Ihres Geistes zu spüren.

Es ist Zeit, dass Sie sich von all dieser Negativität entgiften, damit Ihr inneres Licht wieder strahlen kann. Beginnen Sie mit der

Reinigung Ihres Körpers: Essen Sie in den nächsten Tagen weder schwere Nahrungsmittel noch Zucker und Weißmehl und halten Sie sich mit Alkohol, Tabak und anderen Giften zurück. Diese Dinge belasten Ihr System und dämpfen das Licht Ihres Geistes.

Es ist auch Zeit, andere belastende Elemente aus Ihrem Leben zu entfernen. Sind Ihre Gespräche vergiftet? Oder Ihre Gewohnheiten, Ihr Denken, Ihr soziales Umfeld? Falls Sie sich nicht sicher sind, können Sie Ihren Geist fragen und dann die Schwingung Ihrer Antwort spüren.

Schädliche Substanzen, Verhaltensweisen und Gesellschaften rauben Ihnen Energie und machen Sie erschöpft und krank. Sie saugen Ihnen das Licht und die Freude aus, sodass Sie niedergeschlagen und immer lustloser werden. So wie Sie nicht in einem Raum voller Atommüll bleiben würden, sollten Sie Ihr Leben auch nicht mehr durch psychischen Giftmüll belasten. Ihr Geist hat Besseres verdient und Ihr inneres Licht ist unter solchen negativen Umständen nicht mehr spürbar.

Entgiften Sie sich von den Elementen, die Ihren Geist belasten, bevor Sie krank, entmutigt oder kraftlos werden. Ja, es erfordert Disziplin. Entschließen Sie sich dazu und schieben Sie es nicht mehr vor sich her. Bitten Sie notfalls um Hilfe – sie ist da, wenn Sie darum bitten. Sie haben zu viel Negativität aufgenommen und können keinen Frieden finden, bis Sie sich von den Belastungen befreit haben.

Notizen

50
MACH'S DIR SCHÖN

Der Geist ist ein empfindsamer Lichtkörper und wird durch seine Umgebung beeinflusst. Ein trostloses, düsteres, unordentliches, verschmutztes Umfeld lässt ihn fliehen und lädt nur die Kobolde und Trolle der Negativität ein, es sich dort gemütlich zu machen.

Höchste Zeit, Ordnung zu schaffen: Öffnen Sie die Jalousien, räumen Sie die Terrasse auf, streichen Sie die Wände, wechseln Sie die kaputten Glühbirnen aus und machen Sie es sich schön. Lassen Sie aus Ihrer Wohnung ein hübsches Heim für Ihren Geist werden. Ihr Geist möchte an einem fröhlichen, feierlichen Ort leben, voller Farben, Pflanzen und Blumen, mit sauberen Fenstern und hellem Licht.

Ihr Geist ist ein heiliger Gast in Ihrem Körper und sollte mit Hochachtung behandelt werden. Sie würden ja auch keine Besucher in Ihre Unordnung einladen; und genauso sollten Sie Ihren Geist ehren, indem Sie ihm das ruhige Umfeld verschaffen, das er verdient.

Nehmen Sie sich Zeit, für Ihren Geist eine wohlige, harmonische Atmosphäre zu schaffen, und heißen Sie ihn mit Freude willkommen. Geben Sie das Beste, was Sie haben, um ihm einen würdigen Empfang zu bereiten.

51
KEHRE UM

Ihr Ego hat Sie in eine Sackgasse geführt. Sie verfolgen Gedankengänge, eine Vorgehensweise, einen Umgang mit anderen oder sind sonst irgendwie mit Dingen beschäftigt, die Ihnen nicht dienlich sind und nicht Ihrem Geist entsprechen.

Halten Sie an und drehen Sie um. Fragen Sie sich: *Warum lasse ich mich im Stich? Was verspreche ich mir davon, dass ich meine innere Wahrheit missachte?*

Wenn Sie aufrichtig mit sich sind, werden Sie zugeben müssen, dass Ihnen der Weg, auf dem Sie sich befinden, nicht guttut. Das Ego wird einwenden, es sei nicht so wichtig, sich selbst treu zu bleiben, es sei für Ihr Überleben notwendig, mit der großen Schar mitzugehen oder weiterzumachen mit dem, was Sie gerade tun. Aber das stimmt nicht – und Sie wissen es. Irgendwo entlang des Weges haben Sie Ihren Glauben verloren und sind auf Abwege geraten. Zum Glück ist es nicht zu spät für die Umkehr: Machen Sie kehrt und finden Sie in Ihre Spur zurück.

Holen Sie sich Unterstützung von Ihrer Seelenfamilie und beten Sie um den Mut, wieder mit Ihrem Geist in Einklang zu kommen. Entscheiden Sie sich klar und schnell und geben Sie keine Erklärungen ab. Ihrem Geist zu folgen ist Ihr göttliches Recht, und niemand darf Ihnen hier dazwischenfunken. Erinnern Sie sich an Ihren Geist und ändern Sie jetzt die Richtung, bevor Sie noch weiter vom Kurs abkommen.

52
HOL DIR RAT

Das Ego liebt es, sich allein durch Probleme zu kämpfen. Es weigert sich, die fachkundige Meinung anderer einzuholen. Hilfsbedürftigkeit betrachtet es als eine Schwäche, der es nicht nachgeben möchte.

Aber würden Sie mit Zahnschmerzen versuchen, sich selbst den Plagegeist zu ziehen, oder würden Sie zum Zahnarzt gehen? Angenommen, Sie hätten sich den Rücken verletzt: Würden Sie einen Arzt oder Chiropraktiker aufsuchen oder lieber wochenlang Schmerzen ertragen? Wenn Ihr Auto nicht mehr fährt: Würden Sie einen Abschleppwagen rufen oder versuchen, das Vehikel heimwärts zu schieben?

Der Geist bittet im Ernstfall andere ohne Zögern um Hilfe. Das macht das Leben nicht nur leichter, es lässt auch andere an Ihrem Licht teilhaben.

Im Moment sind Sie mit Ihrem Latein am Ende und brauchen fachkundigen Rat. Bitten Sie jemanden um Unterstützung – jemanden, der über Wissen oder Erfahrungen verfügt, die Sie nicht haben. Das kann ein professioneller Berater sein, eine Lehrerin, ein Geistführer oder einfach Ihr Partner. Lassen Sie keinen falschen Stolz aufkommen, der Sie weiterleiden lässt, wenn Sie mit ein wenig Hilfe die raue See Ihrer gegenwärtigen Situation leicht durchschiffen könnten.

53
NIMM ES NICHT KRUMM

Das Ego lässt sich durch das Verhalten von anderen schnell verärgern und fragt sich dann beleidigt: Wie können die mir nur so etwas antun? Es grübelt oft hartnäckig über vermeintliche Kränkungen und hegt seinen Groll über lange Zeit. Das raubt Ihnen Ihren Frieden und fördert die falsche Annahme, dass Sie ein Opfer sind.

Der Geist dagegen weiß: Menschen reagieren emotional und tun zuweilen Dinge, ohne zu merken, wie es auf andere wirkt. Daher nimmt er niemandem etwas übel, denn er ist sich bewusst, dass er das Verhalten von anderen nicht persönlich zu nehmen braucht. Der Geist fragt vielmehr: *Warum passiert das? Warum ziehe ich diese Erfahrung an? Was kann ich daraus lernen?*

Beobachten Sie, wie Ihr Ego Sie zum Opfer machen will. Nehmen Sie wahr, wo Sie das Verhalten eines anderen persönlich auffassen. Auf welche Weise könnte das Verhalten des anderen ein Spiegel Ihrer selbst sein? Achten Sie besonders auf alten Groll aus der Vergangenheit, den Sie noch pflegen: Raubt er Ihnen in der Gegenwart den Frieden?

Das meiste, woran sich das Ego stört, sind kleine, bedeutungslose Angelegenheiten. Und sowieso kann niemand den Geist in Ihnen kränken. Sie sind ein heiliges Kind Gottes, egal wie sich die anderen verhalten. Lachen Sie über die kleinlichen Beschwerden, lassen Sie Ihren Groll hinter sich und wenden Sie Ihre Aufmerksamkeit der Gegenwart zu, um daraus zu lernen.

Das eigentliche Problem liegt darin, dass Sie Ihren eigenen Wert anzweifeln und deshalb im Außen nach Bestätigung suchen.

Erinnern Sie sich an Ihren Geist und seien Sie sich bewusst, dass Sie unbezahlbar und vollständig sind. Übersehen Sie das beleidigende Verhalten derer, die ihr eigenes Licht nicht erkennen, ganz zu schweigen von dem Ihren. Entscheiden Sie sich, friedlich zu bleiben.

Notizen

54
BLEIB GELASSEN

Jemand sagt etwas, was Sie belastet. Ein anderer unterstellt Ihnen eine falsche Absicht. Ihre Pläne lassen sich nicht so umsetzen, wie Sie sich das gewünscht hatten. Leute in Ihrer Umgebung verhalten sich unkooperativ, und das frustriert Sie. Die Zeit wird knapp. All das reizt Ihr Ego so sehr, dass es in die Luft gehen könnte.

Willkommen im Leben! Wenn es das eine nicht ist, ist es etwas anderes. Der Schlüssel liegt darin, gelassen zuzuschauen, wie sich die Dinge aus der Sicht Ihres Geistes entwickeln. Wenn Sie das tun, merken Sie, dass diese täglichen Irritationen und Aufregungen unbedeutend sind. Wichtig ist vielmehr, dass Sie das Leben genießen, egal welche kleinen Störungen gerade stattfinden. Der Geist weiß: Irgendetwas Unvorhergesehenes passiert *immer*. So ist das Leben.

Rechnen Sie jetzt mit kleinen Störungen – oder auch großen. Der Trick besteht darin, auf den Wellen der Aufregung mit Anmut und Humor zu reiten und sich nicht aus der Ruhe bringen zu lassen. Was auch immer geschieht, Ihr Geist kann damit umgehen … und wird es auch tun.

Sie können kreativ auf alles eingehen, was Ihnen im Leben begegnet. Bleiben Sie einfach ruhig und versuchen Sie nicht, das Geschehen zu kontrollieren – und erst recht nicht noch bevor es passiert ist. Nehmen Sie das Leben, wie es kommt, und genießen Sie es.

55
DANKE GOTT

Das Ego konzentriert sich auf Mangel und erzeugt ihn damit. Der Geist richtet seine Aufmerksamkeit auf den endlosen Strom der Geschenke, die uns von Gott zuteil werden, und erzeugt diese damit. Der größte Segen, mit dem uns das Göttliche versehen hat, ist die Fähigkeit, jenes zu erzeugen, worauf wir uns konzentrieren.

Achten Sie auf alles, was Ihnen Gott schenkt, und Sie werden mehr davon erhalten.

Doch wenn Sie sich auf den Mangel konzentrieren, werden Sie weniger bekommen.

Danken Sie Gott im Lauf des Tages – und Sie werden mit Fülle gesegnet. Seien Sie dankbar, am Leben zu sein; danken Sie für die Chancen, die sich Ihnen bieten, für Ihre Herausforderungen und für Ihre Fähigkeit, Lösungen zu finden. Danken Sie für Ihre Gesundheit, Ihr Leben, Ihre Familie und Ihre Freunde. Zeigen Sie, wie sehr Sie Ihre Segnungen schätzen, noch bevor Sie sie erhalten. Danken Sie Ihrem Schöpfer mit lauter Stimme für alles in Ihrem Leben, denn alles ist ein Geschenk für Sie. Je intensiver Sie das tun, desto mehr werden Sie erzeugen.

Das Ego vergisst zu danken. Manchmal geht es sogar so weit, zu meinen, sein Anrecht werde ihm versagt; es beklagt sich über den Mangel, den es selbst erzeugt. Wie lächerlich! Das Ego mag nicht damit belästigt werden, Gott zu danken. Zu sehr ist es damit beschäftigt, sich selbst leidzutun. Trotzdem wird es die Wohltaten genießen, die aus dem Danken entstehen.

Bringen Sie Ihr Ego zum Schweigen und lernen Sie, was es bewirken kann, Gott zu danken. Ihr Ego kann entdecken, wie die Fülle und der Lebensstrom angezogen werden, wenn es heute mit dem Geist vereint Gott für alles dankt.

Notizen

56
ERHEBE DICH

Beginnen Sie den heutigen Tag damit, Ihren Geist den Weg weisen zu lassen. Erheben Sie sich über die trüben Aussichten Ihres Ego und lassen Sie das Licht Ihres Geistes strahlen. Lösen Sie sich von all den mentalen und emotionalen Filtern, die Ihnen das Ego in den Weg gestellt hat.

Was auch immer gestern geschah – heute ist ein neuer Tag. Beginnen Sie ihn, indem Sie leuchten wie ein Sonnenaufgang über dem

Meer. Lassen Sie nicht zu, dass Ihr Ego das Licht in Ihnen dämpft. Lassen Sie die Erfahrungen von gestern los und gehen Sie mit frischem Mut in die Welt.

Ehren Sie Ihren Geist, indem Sie sich nicht nur erheben, sondern auch schmücken. Ziehen Sie sich etwas Hübsches an, kämmen Sie Ihr Haar, polieren Sie Ihre Schuhe – und vor allem: Schmücken Sie sich mit Ihrem schönsten Lächeln. Lassen Sie den Nebel von gestern nicht in den heutigen Tag ziehen. Was auch immer geschehen ist: Heute sind Sie frei für einen neuen Tag.

Nur das Ego klammert sich an die Vergangenheit. Im Bereich des Göttlichen gibt es das nicht. Der Geist erhebt sich und strahlt und lebt in der Gegenwart. Er ist frei von allem, was vorher war. Also halten Sie sich an die Gegenwart, erheben Sie sich und lassen Sie alle in den Genuss des Strahlens Ihres Geistes kommen – vor allem auch sich selbst.

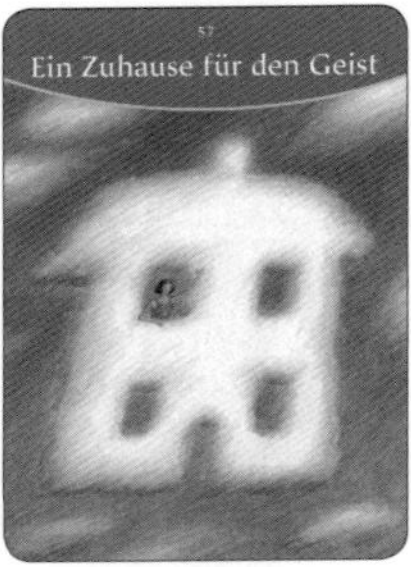

57
EIN ZUHAUSE FÜR DEN GEIST

Sind Sie das ewig gleiche Blabla des Desinteresses leid, das Ihnen von Ihrem Ego entgegengehalten wird, wann immer Sie ein wenig Inspiration anweht? Haben Sie genug vom unveränderlichen Arrangement aus Selbstverleugnung, Unsicherheit und Langeweile, in das Sie jeden Abend nach einem harten Arbeitstag nach Hause kommen? Sie leiden unter diesem Mangel an Inspiration, weil Ihr freudvoller Geist nicht in Ihrem Körper und in Ihrem

Haus lebt. Ihr Ego hat das Kommando übernommen und ihn hinausgeworfen.

Höchste Zeit, Ihren Geist zurückzuholen. Beginnen Sie damit, eine Atmosphäre zu erschaffen, die ihm entspricht. Dunkelheit, Chaos, Eintönigkeit und Nachlässigkeit sind ihm zuwider. Wirkt Ihre Wohnung für Ihren Geist einladend? Ihr Geist ist heilig und braucht einen Ort des Friedens und der Gelassenheit. Laden Sie ihn ein, heimzukommen, indem Sie Ihre Wohnung aufräumen und lüften, um den alten Muff loszuwerden. In einem vollgestopften, verstaubten, brüchigen – kurz gesagt: einfach hässlichen – Zuhause wird es Ihrem Geist nicht gefallen.

Machen Sie Ordnung und schaffen Sie alles Überflüssige hinaus, um Ihren Geist wieder einzuladen. Sollte Ihnen die Aufgabe über den Kopf wachsen, holen Sie sich Hilfe. Gestalten Sie Ihren Wohnraum so geschmackvoll, dass Sie stolz darauf sind. Und denken Sie daran: Wer weniger hat, hat weniger Sorgen.

Ihr Geist lebt gerne in einem ruhigen, sauberen, übersichtlichen Raum. Sieht Ihre

Wohnung entsprechend aus, wird Ihr Geist zurückkehren. Zünden Sie eine Kerze an, sprechen Sie ein Gebet und rufen Sie ihn nach Hause. Ihren Erfolg werden Sie daran merken, dass Sie sich inspiriert fühlen und in jeder Hinsicht glücklich sind, daheim zu sein.

Notizen

58
GÖNNE DIR DAS BESTE

Das Ego neigt dazu, Ihnen die guten Dinge des Lebens zu versagen. Es meint, Sie seien es nicht wert, das Beste, Schönste und Feinste zu haben, und sollten es deshalb auch nicht erwarten.

Sie *sollen* jedoch nicht nur das Beste haben, Sie sollen es sich sogar selbst geben.

• Beginnen Sie mit der besten Ausbildung. Lesen und informieren Sie sich, versorgen

Sie sich mit all dem wundervollen, kreativen Wissen, das verfügbar ist, um Ihren Verstand weiterzubilden.

- Umgeben Sie sich mit den besten Freunden. Treffen Sie sich mit Menschen, die Sie beim Wachstum inspirieren, die Sie wundervoll finden und die Ihre Welt durch Licht und Lachen bereichern.

- Leisten Sie sich die beste Natur. Gehen Sie nach draußen und genießen Sie jeden Tag die Schönheit von Mutter Erde. Nehmen Sie die Blumen und Bäume, Flüsse und Ozeane, Berge und Landschaften tief in sich auf.

- Gönnen Sie sich frische und nahrhafte, mit Liebe zubereitete Nahrungsmittel.

- Schlafen Sie auf den besten Kissen, tragen Sie die besten Schuhe und Strümpfe, ja sogar die beste Unterwäsche, die Sie sich leisten können. Ehren Sie Ihren Körper, indem Sie ihn in Kleidung hüllen, die das Licht

Ihrer Augen und das Strahlen Ihres Geistes widerspiegelt.

• Wählen Sie die allerbeste Unterhaltung. Unterscheiden Sie gut zwischen inspirierender Kunst und geistlosem Müll. Nähren Sie Ihren Geist mit wirklich kreativen Werken. Gehen Sie ins Theater, ins Museum und in den botanischen Garten.

Ihr Geist kann noch viel mehr wundervolle Dinge genießen. Warten Sie nicht darauf, dass es Ihnen andere anbieten. Gönnen Sie sich selbst das Beste.

Notizen

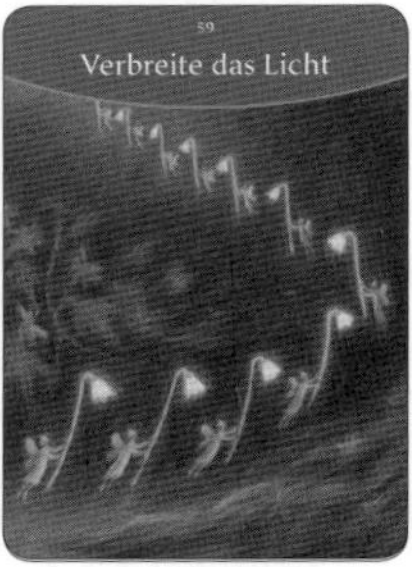

59
VERBREITE DAS LICHT

Ihr Geist ist stark und inspirierend – er kann auch die Menschen in Ihrer Umgebung heilen. Zu seinen heilsamsten Akten gehört es, das Licht in anderen zu bezeugen und zu würdigen.

Schauen Sie sich um, wer es brauchen könnte, gesehen zu werden. Bemerken Sie, wessen Geisteslicht nur schwach flackert und zu verlöschen droht, und schüren Sie es durch Ihre Anerkennung. Sagen Sie anderen, wie sehr Sie ihren Geist schätzen. Scheuen Sie sich nicht, es auszusprechen. Vom Licht Ihres lebendigen Geistes wahrgenommen zu werden ist eine sehr heilsame Erfahrung, die Sie verbreiten können.

Heute sind Sie aufgerufen, ein Heiler zu sein. Machen Sie jemandem ein Kompliment. Würdigen Sie jemanden, der eine Dienstleistung für Sie erfüllt, indem Sie ihn mit Namen ansprechen. Setzen Sie ein Empfehlungsschreiben auf. Öffnen Sie Ihr Portemonnaie und geben Sie dem Taxifahrer, der Kellnerin oder dem Müllmann ein gutes Trinkgeld. Lächeln Sie dem Obdachlosen zu. Winken Sie Ihrem Nachbarn. Begegnen Sie einem Fremden mit Freundlichkeit.

Ehren Sie vor allem das Licht in jenen Menschen, mit denen Sie die meisten Schwierigkeiten haben. Das wird Sie heilen. Sie sind aufgerufen, den ganzen Tag Licht zu verbreiten. Genießen Sie es.

60
LASS DAMPF AB

Huh, mal schön langsam! Ihr Ego fühlt sich bedroht, es meint, kämpfen oder fliehen zu müssen, und pumpt Ihren Körper mit Adrenalin voll. Das macht es Ihrem Körper schwer, sich mit Ihrem Geist zu verbinden, denn Sie sind voller Angst. In diesem Zustand kann es passieren, dass Sie unkluge Entscheidungen treffen, Worte sagen, die Sie so nicht meinen, unzutreffende Schlüsse ziehen und überreagieren.

Der beste Weg, wie Sie sich wieder mit Ihrem Geist verbinden und den richtigen Kurs finden können, besteht darin, Dampf abzulassen. Treiben Sie Sport und powern Sie sich aus. Lassen Sie sich unter der Dusche vom Wasser berieseln und schimpfen Sie, was das Zeug hält. Fahren Sie an die Küste und schreien Sie in den Wind.

Zeigen Sie dem Universum, wie Sie sich fühlen. Wüten Sie gegen den Himmel, lassen Sie alles raus. Sofern das nicht geht, vertrauen Sie Ihre Ängste und Frustrationen Ihrem Tagebuch an. Lassen Sie kein Detail aus. Schimpfen Sie, bis sich Ihr Adrenalinspiegel normalisiert hat und Sie sich beruhigen können.

Treffen Sie keine Entscheidungen, solange Sie so erregt sind. Halten Sie sich vom Telefon fern. Schreiben Sie keine E-Mails oder SMS. Warten Sie ab, bis Sie sich klar fühlen.

Sobald sich Ihre Ängste aufgelöst haben, kommt Ihr Geist wieder zum Vorschein. Achten Sie darauf, keine Unschuldigen unter Ihrem Ärger oder Ihren Frustrationen leiden zu lassen. Suchen Sie sich einen neutralen Ort und lassen Sie dort Dampf ab. Verdrängen Sie Ihre Gefühle auch nicht; das blockiert Ihren Geist und schadet Ihrem Körper.

Also los, finden Sie einen sicheren Weg, um Ihren Emotionen Luft zu machen. Das wird Ihnen helfen, die Situation im Licht des Geistes zu sehen.

Notizen

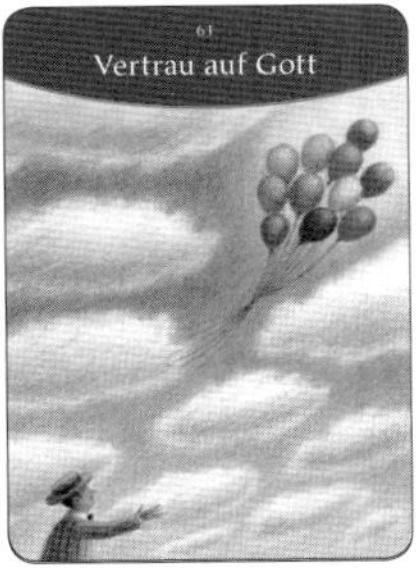

61
VERTRAU AUF GOTT

Unsere größte Herausforderung liegt darin, uns über unsere Ängste zu erheben und auf Gott, unseren liebevollen Schöpfer, zu vertrauen, dass er uns schützt und durchs Leben leitet. Ihr Ego will Ihnen weismachen, Sie könnten nur ihm vertrauen und es schütze Sie alleine. Das stimmt nicht und macht Sie zu seiner Geisel.

Machen Sie sich frei von der Angst, die Sie im Griff hält, und seien Sie sich in Herz und

Geist bewusst, dass Gott, Ihr himmlischer Schöpfer, an Ihrer Seite ist. Genauer gesagt sind Sie in das Göttliche vollständig eingehüllt, und das Universum hat bessere Pläne für Sie, als sie Ihr Ego je erfinden kann.

Selbst wenn Sie die Pläne oder den Schutz des Universums vielleicht gerade nicht erkennen, dürfen Sie darauf vertrauen. Wenden Sie sich nach innen und bitten Sie Ihren Geist um Vergewisserung. Beruhigen Sie Ihr Ego, damit Sie anfangen können, die Liebe und den Schutz Gottes zu spüren. Ihre Sorgen helfen Ihnen nicht weiter; also hören Sie damit auf. Verbinden Sie sich mit Ihrem Geist und vertrauen Sie auf Gott. Sie haben allen Grund dazu.

62
TEILE DEINE GABEN

Wir alle verfügen über göttliche Gaben, die wir hier miteinander teilen sollen. Das Ego hält sie oft für nicht gut genug, nicht bedeutend genug, nicht wichtig genug, als dass sie irgendetwas bewirken könnten.

Gehen Sie ihm nicht in die Falle. Seien Sie dessen gewiss, dass die einfachen, in Liebe und Güte wurzelnden Gaben, mit denen Sie ausgestattet sind, aus Ihrem Herzen kommen und nun mehr gebraucht werden als je zuvor.

Das Leben erwartet jetzt nichts Großartiges von Ihnen. Es geht nur darum, auf Ihren Geist zu vertrauen und Ihre Gaben nicht zu verstecken.

Vielleicht können Sie gut zuhören, jemanden trösten, ein leckeres Essen zubereiten, eine verfahrene Situation ordnen, eine Besorgung für jemanden erledigen, geduldig sein oder jemanden zum Lachen bringen. Sie selbst wissen in Ihrem Herzen am besten, wie Ihr Geist begabt ist, anderen etwas zugute kommen zu lassen.

Jetzt ist es Zeit, das zu zeigen. Scheuen Sie sich nicht. Die anderen brauchen Ihre Liebe und Güte.

✿ ✿ ✿